中南财经政法大学出版基金资助出版

中南财经政法大学
青 年 学 术 文 库

中南财经政法大学中央高校基本科研业务费专项资金资助
项目成果（2722019PY045）

中间品贸易自由化与中国制造业企业的技术选择、产品质量和加成率

苗双有　万家乐　著

WUHAN UNIVERSITY PRESS
武汉大学出版社

图书在版编目(CIP)数据

中间品贸易自由化与中国制造业企业的技术选择、产品质量和加成率/苗双有,万家乐著.—武汉:武汉大学出版社,2021.1(2022.4 重印)
中南财经政法大学青年学术文库
ISBN 978-7-307-21950-2

Ⅰ.中… Ⅱ.①苗… ②万… Ⅲ.自由贸易(中国)—影响—制造工业—工业企业—企业绩效—研究—中国 Ⅳ.F426.4

中国版本图书馆 CIP 数据核字(2020)第 235693 号

责任编辑:范绪泉　　责任校对:李孟潇　　版式设计:马 佳

出版发行:**武汉大学出版社**　(430072 武昌 珞珈山)
(电子邮箱:cbs22@ whu.edu.cn 网址:www.wdp. com.cn)
印刷:武汉邮科印务有限公司
开本:720×1000 1/16　印张:10.25　字数:142 千字　插页:2
版次:2021 年 1 月第 1 版　2022 年 4 月第 2 次印刷
ISBN 978-7-307-21950-2　定价:35.00 元

序

自20世纪90年代以来，财务学终于跳出经济学的桎梏，开始跨入法学、心理学、政治学、社会学、媒体、文化等其学科领域，这些领域无论在理论框架、研究思维或者分析方法上都让财务学领域的学者醍醐灌顶，给财务学研究带来了天翻地覆的变化，从而掀起了一股跨学科的研究浪潮它让财务学在理论建设上更加丰富富有意义，在问题解释上更加深入和全面，在实际应用上也更具有实践价值。地理学介于自然科学和人文科学领域之间，也是这股跨学科研究浪潮中，财务学家致力于探索的领域之一。万千世界，概括而言，就是时间和空间的相互联系，时间是历史长河，空间是地理位置。赫特纳在其名著《地理学》里指出：“要完全理解现在，永远只有从历史出发才有可能。”他同时还指出：“地理学和人类一般历史的联系，比之和其他大多数科学部门更要明显一些。”纵观世界历史，先是腓尼基人，接着是希腊人，他们先后发现了地中海；从亚历山大远征小亚西亚地区，到罗马帝国，最终将地中海纳为帝国的内海。在东方，匈奴、突厥和蒙古民族对中亚地区的侵占，之后是基督教发动的十字军东征，从陆路上将欧亚两大洲联系了起来。之后，葡萄牙人对东印度航路的开拓和哥伦布对西印度群岛和美洲大陆的发现，从海路上开辟了欧洲到东方的新路线。比及工业化蒸汽机时期，英国殖民主义者对世界的最后征服，这些人类世界历史上至为重要的历史事件，无一不是地理发现的重要结果。当然，赫特纳同时还指出："地理学史却不应该单纯地叙述事实，它必须从各个民族和各个时代的动力和能力去理解各种发现的过程，并且也要重视它对事物的一般过程所产生的结果。"从这个意义上来说，陈旋博士的著作《地理距离与公司治理》力图从地理距离的视角，吸收了西方经济地理学的主要思想，将经济地理学与管理学的主要研究领域之一——公司治理结合起来，以经济地理中最直观的表现形式—地理距离—探究公司之间在地理上的相互联系对中国公司治理的影响，可以看作是财务学者在地理学研究领域的新颖尝试，也是对公司财务研究领域的有益补充。谢泼德和巴恩斯德的《经济地理学指南》一书详细列举了世纪之交英美经济地理学的主要研究领域，其中包括国家与管治、战略和文化、货币和金融，遗憾的是，他们在书中丝毫没有提及公司治理。因此，陈旋博士的这部著作也可以被看成是地理学与财务学这个研究领域里最早的一批研究成果。在《孤独与荣誉：哥伦布航海日记》里，作者提到"这些陆地(指西印度群岛)早在好几百年前就已经被发现了，可是，具体的地形和通往这里的航道却都被遗忘了，克里斯托弗·哥伦布只不过是在重新寻找这些岛屿而已。"我想，财务学研究也如同航海，很多事实和问题可能已经存在于现实经济中很多年了，但我们需要的是一批有勇气去发现它们的学者。

沈艺峰

2020年9月18日

前　言

为了加大对外开放程度和融入世界多边贸易体系，中国在2001年末正式加入世界贸易组织（WTO）。加入WTO后，中国按照入世承诺在2002—2005年逐步加大幅度降低进口关税水平，2005—2010年小幅度降低进口关税水平，并于2010年彻底实现关税削减承诺。在履行关税削减承诺时，中国削减了部分关键零部件等中间品的进口关税水平，这一外生的中间品贸易自由化政策无疑会对中国制造业企业行为与绩效造成重要影响。在此政策背景下，深入探讨中间品贸易自由化对企业行为与绩效的影响将具有一定的理论意义和强烈的政策意义。

本书在新新贸易理论分析框架下，结合中国的特殊国情，通过构建理论模型和实证分析相结合的方式，研究了入世(入世即加入世界贸易组织，后同)后中间品贸易自由化对中国制造业企业的技术选择、出口产品质量和加成率的影响。与以往大部分文献不同，本书专注于研究中间品贸易自由化对中国制造业企业行为和绩效的影响，并深入探讨其作用机理。发现以下核心结论：

第一，入世后中间品贸易自由化并非促进所有中国制造业企业应用高生产技术，仅促进中等生产率的出口企业应用高生产技术。探讨其作用机理时，本书发现中间品贸易自由化对企业高生产技术的促进作用与初始生产率水平有关。通过行业异质性分析，我们也发现中间品贸易自由化对技术密集型企业生产技术的促进作用最强，对劳动密集型企业生产技术选择的影响最弱。

第二，入世后中间品关税与中国制造业企业出口产品质量和加成率呈非线性 U 形关系，表明中间品贸易自由化总体作用方向首先为负向抑制作用，后转变为正向促进作用。进一步探讨作用机理，发现中间品贸易自由化可通过成本渠道和竞争渠道影响企业出口产品质量和加成率。通过分析两渠道的作用方向与作用大小，可成功解释入世后中间品关税与中国制造业企业出口产品质量和加成率呈现 U 形关系的原因。

目　　录

第一章
绪　论

本章将从总体视角说明该研究的选题和整体思路。第一节为选题背景与研究意义；第二节详细说明研究思路、研究目标和研究内容；第三节总体说明本书的研究方法和研究创新。

第一节　选题背景与意义

一、研究背景

自2001年加入世界贸易组织（WTO）以来，中国积极履行入世承诺，大幅减少非关税障碍和降低进口关税水平。与此对应的是，中国入世后在对外贸易方面取得了举世瞩目的成就。改革开放以来中国对外贸易总额增长相对缓慢，直至2000年对外贸易总额也未超过5000万亿美元。然而在2001年入世后，中国对外贸易规模高速增长（见图1.1），从2001年的5096.5万亿美元增长到2014年的43015.3万亿美元，增长了近7.5倍。其中在2002—2005年大幅削减关税期间，中国对外贸易总额增长尤为显著，同比增长率均在21%以上，2003年和2004年的同比增长率分别高达37%和35%。中国对外贸易规模在入世后的前6年实现了爆发式增长，然而在2008年增速放缓和在2009年同比下降，原因可能为中国出口导向型的对外贸易策略容易受到国际金融危机的影响。在国际金融危机得到缓解后，中国对外贸易总额迅速回升，到2014年对外贸易总额高达43015.3万亿美元。总之，在加入WTO后中国实现了对外贸易总额的快速发展，以世所罕见的速度成为全球第一大出口国和第二大进口国。

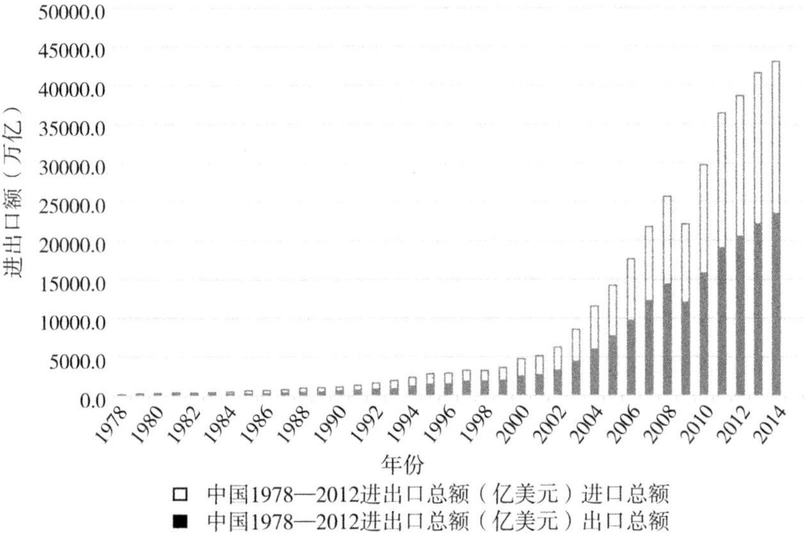

图 1.1　1978—2014 年中国进出口贸易情况①

自加入 WTO 后，中国对外贸易顺差也发生了显著变化(见图 1.2)。2001 年中国对外贸易顺差为 225.5 万亿美元，在加入 WTO 后的 2002 年猛增至 320.9 万亿美元。尽管中国对外贸易顺差在 2003 年出现暂时性下降，但 WTO 对中国对外贸易顺差的影响全面释放，2004—2008 年中国对外贸易顺差迅速攀升至 2981.23 万亿美元。虽然全球金融危机冲击导致中国在 2009—2010 年贸易顺差显著降低，但 2011 年之后中国的贸易顺差迅速恢复并且快速攀升，到 2014 年时已高达 3830.6 万亿美元。

接下来，我们通过 BEC 产品分类将中国进口商品细分为最终消费品、资本品和中间品，并简单汇总得到三类商品的总进口额。通过中国进口总额中的中间品进口比例情况(见图 1.3)，可以分析中间品贸易是否在中国贸易自由化进程中起到重要作用。

① 数据来源：各相关年份《中国统计年鉴》。

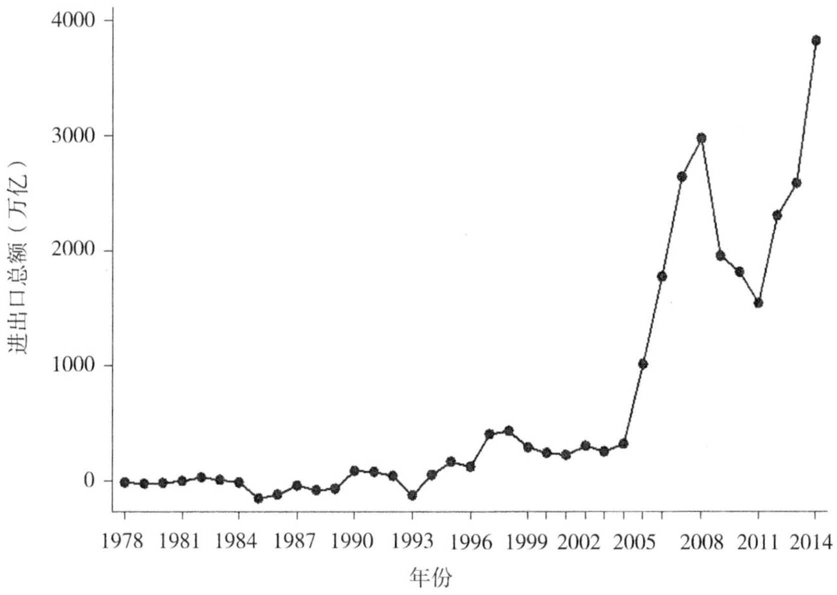

图 1.2　1978—2014 年中国贸易顺差情况①

通过图 1.3 可知，加入 WTO 后中国的总进口额快速增长，从 2000 年的 0.47 万亿美元大幅增长到 2006 年的 1.72 万亿美元。具体分析，2000—2006 年中间品进口额占总进口额比重为 56.5%，远远超过资本品和最终消费品的比重。上述数字说明了中间品贸易的重要性，也表明中间品贸易自由化主导了中国入世后实施的贸易自由化进程。然而该图可能存在误导，因为通过加工贸易方式进口的商品均为中间品，并且加工贸易占中国贸易总量的比重也较高。因此我们仅保留一般贸易方式进口的商品，重新观察中国进口总额中的中间品进口比例情况（见图 1.4）。排除加工贸易干扰后，可发现一般贸易方式进口额从 2000 年的 0.20 万亿美元快速增长到 2006 年的 0.73 万亿美元，增长迅速。2000—2006 年一般贸易

① 数据来源：各相关年份《中国统计年鉴》。

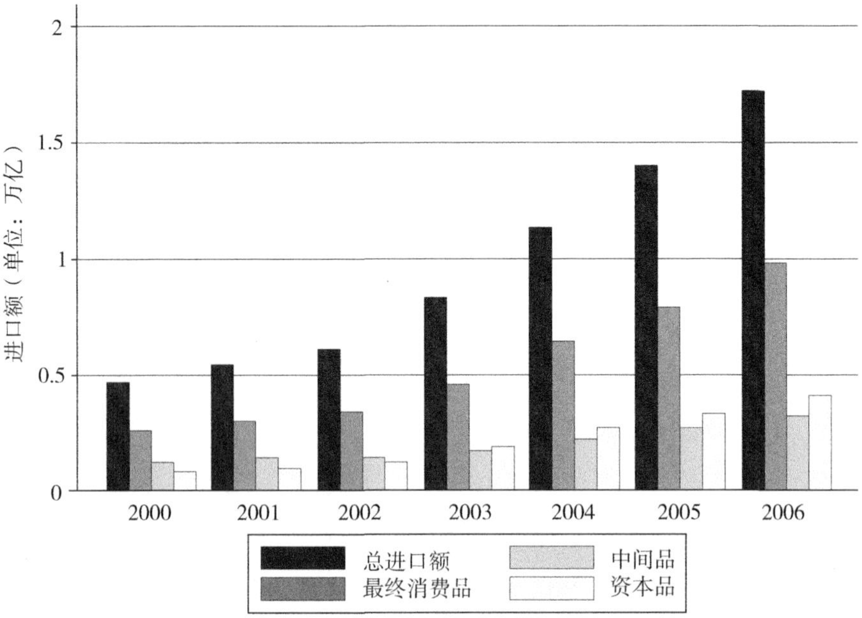

图 1.3 2000—2006 年中国商品进口情况①

方式中的中间品进口额占总进口额比重为 74%，表明入世后中国一般贸易方式的商品进口主要为中间品。以上论证表明了入世后中国实施的中间品贸易自由化政策的重要性，因此本书专注于研究中间品贸易自由化对企业行为和绩效的影响。

图 1.5 简略描述了 2000—2006 年中国制造业中最终品关税和中间品关税的变动趋势。通过该图可知，2000—2006 年中国关税水平总体上呈现不断下降的趋势。最终品关税由 2000 年的 18.2%下降到 2006 年的 10.6%，中间品关税下降幅度更大，由 2000 年的 14.6%下降到 2006 年的 8.6%。其中在 2002—2005 年中间品关税和最终品关税降幅较大，在 2005 年以后呈现平稳趋势。需要指出的是，入世后中国实施的贸易自由化政策并非一次调整完成，而是逐年削减的逐步贸易自由化过程。因此，入世后中国实施

① 数据来源：中国海关进出口数据库。

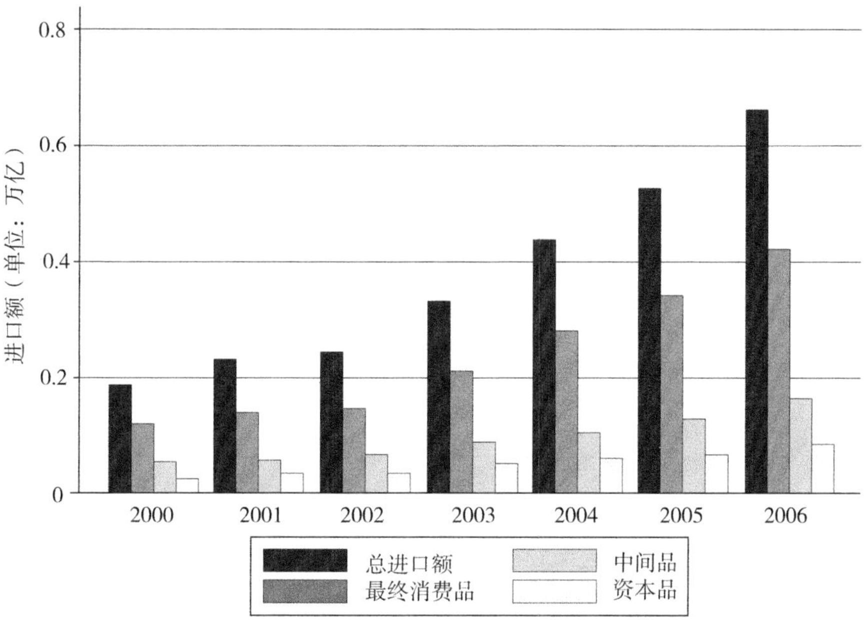

图 1.4　2000—2006 年中国通过一般贸易方式进口商品情况①

的渐进式贸易自由化政策为研究中国企业行为动态变化提供了良好的研究基础。

毋庸置疑，入世后贸易自由化对中国企业行为和绩效将造成重要影响。鉴于中间品贸易自由化主导了总体贸易自由化进程，我们应着重分析中间品贸易自由化对中国企业行为和绩效的影响。

二、研究意义

目前中国已成为名副其实的“贸易大国”，但中国仍处于全球价值链的中低端位置，企业的生产技术、产品质量和获利能力与发达国家尚存在一定程度上的差距。为改善现状，中国需进行新一轮的更深层次的贸易自由化进程。为制定有效的针对性贸易自由化政策，我们需全方面深刻评估和

① 数据来源：中国海关进出口数据库。

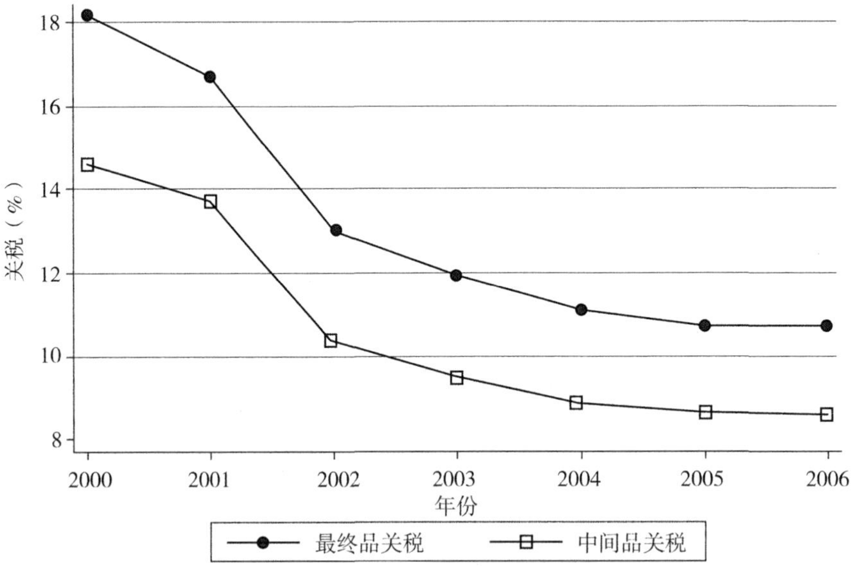

图 1.5　2000—2006 年中国制造业关税的变动趋势

总结上一轮中国实施的贸易自由化政策的实际效果，因此通过理论和实证分析验证入世后中国实施的中间品贸易自由化政策对企业行为和绩效的影响将具有较大的研究意义。企业的生产技术直接决定了边际生产成本和生产效率，企业的产品质量是企业生产的关键决策，企业的加成率将直接决定企业盈利能力和长久良性发展。因此，专门研究入世后中国实施的中间品贸易自由化政策对企业的生产技术选择、产品质量和加成率将有较大的理论意义和现实价值。

(一)理论价值

目前异质性企业贸易理论在中国的应用主要关注企业的生产率异质性，关注产品质量异质性的应用尚存在较大的研究空间。对贸易自由化对中国企业行为和绩效影响的相关研究主要为对企业全要素生产率、企业出口、研发、收入分配等的影响，通过构建理论模型研究中间品贸易自由化对中国制造业企业的生产技术选择、出口产品质量和加成率差异影响的文献较少。产品质量和加成率在近几年刚刚引起国内学者的重视，目前相关研究主要为实证研究。从中间品贸易自由化视角研究中国制造业企业的生产技术选择、出口产品质量和加成率的理论研究尚未成熟，急需将中国特殊国情引入模型设定，完善中间品贸易自由化影响中国企业的生产技术选择、出口产品质量和加成率的理论研究。因此，本书尝试在该方面的理论研究做出些许贡献，具有一定程度的理论价值。

本书第三章在构建中间品贸易自由化影响企业生产技术选择的理论模型时，考虑中国实际情况，明确区分了出口企业与非出口企业的成本函数和利润函数。我们推导出中间品贸易自由化对中国制造业出口企业与非出口企业的差异化作用，对中间品贸易自由化影响中国企业技术选择的理论研究有所补充。

第四章在构建中间品贸易自由化影响企业出口产品质量和加成率的模型时，在 Melitz & Ottaviano(2008)的理论模型基础上引入产品质量和中间品关税。根据相关具体表达式，我们定义出中间品贸易自由化影响企业出口产品质量和加成率的“成本渠道”和“竞争渠道”。分析和比较两渠道的作用方式与作用力大小后，可推导出中间品关税与企业出口产品质量和加成率将呈现何种关系。该模型对中间品贸易自由化影响企业出口产品质量和加成率的影响途径相关研究有所补充。

总之，本书充分结合中国经济发展的实际情况，在前人的理论基础上构建出了中间品贸易自由化影响企业生产技术选择、出口产品质量和加成率的理论模型，尝试通过理论研究认识和理解入世后中间品贸易自由化对中国企业的生产技术选择、出口产品质量和加成率的影响及其影响机理，具备一定的理论价值。

(二)实际意义

本书研究中间品贸易自由化对企业的生产技术选择、出口产品质量和加成率的影响及其作用机理，可对入世后中国实施的中间品贸易自由化政策进行政策评估。本书探讨企业如何提升企业生产技术、出口产品质量和加成率，能为政府相关部门进一步实施改革开放和制定新一轮贸易自由化政策提供理论基础和数据支撑。本书的研究强调理论联系实际，以问题为导向，以对策措施的可行性为出发点，研究成果可以为政府相关部门的决策提供有价值的参考和借鉴。

第二节 研究思路、研究目标和研究内容

一、研究思路

本书研究思路见技术路线图，如图 1.6 所示。

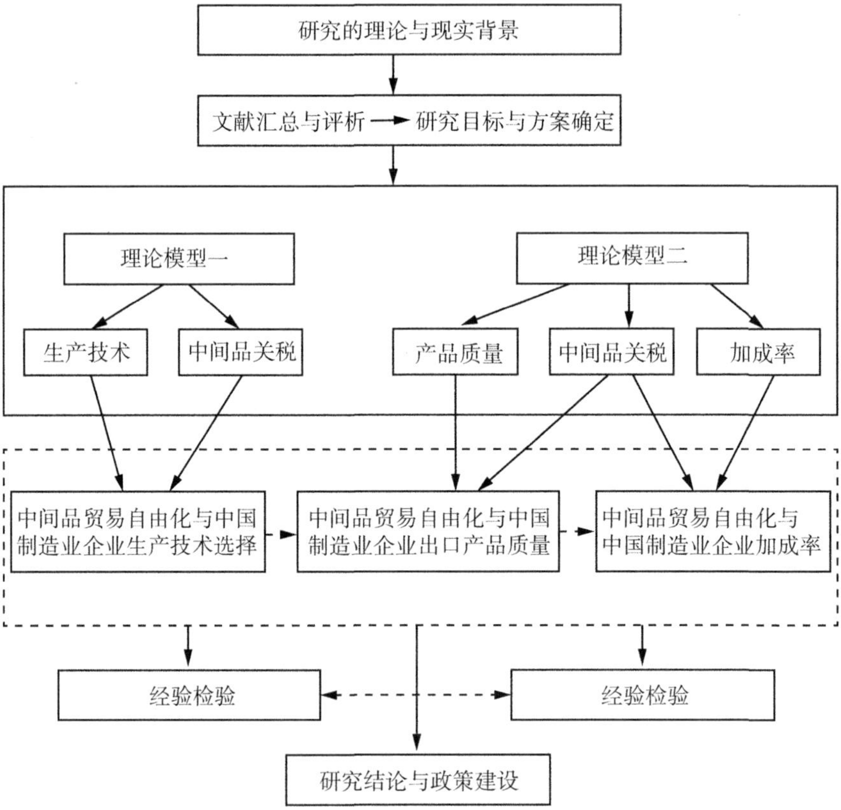

图 1.6 技术路线图

二、研究目标

本书将在异质性企业贸易理论的研究框架下，深度挖掘中国工业企业数据库、中国海关数据库和WTO关税数据库的数据，刻画中国进口中间品关税、企业出口产品质量和加成率的动态变化过程，尝试揭示入世后中间品贸易自由化政策对中国制造业企业生产技术选择、出口产品质量和加成率的影响和作用机理。具体而言，主要有以下目标：

第一，在明确区分出口企业与非出口企业的成本函数和利润函数的前提下，构建出中间品贸易自由化影响企业生产技术选择的模型。

第二，构建企业级中间品进口关税与四位码产业关税，减少中间品关税衡量误差对实证结果的影响。

第三，构建中间品贸易自由化影响企业产品质量与企业产品加成率的理论模型。

第四，综合生产和需求两方面设定理论测算方法测度企业出口产品质量，最大限度地减少企业产品质量的测算误差。

第五，利用中国的微观数据实证分析中间品贸易自由化对中国制造业企业生产技术选择、出口产品质量和加成率的影响，从而有效地检验理论模型中的若干推论。

第六，检验中间品贸易自由化程度与企业产品质量和产品加成率是线性关系还是非线性的U形关系。与此同时，分析与检验中间品贸易自由化影响企业产品质量和加成率的成本渠道和竞争渠道，尝试解释中间品关税与企业产品质量和产品加成率之间关系的原因。

三、研究内容

第一，描述中国贸易自由化进程和中间品关税与中国制造业企业出口产品质量与加成率之间的关系。

基于中国工业企业数据库和中国海关进出口数据库以及两者匹配的数据，描述中国制造业贸易自由化进程的特征事实，验证入世后中间品关税与中国制造业企业出口产品质量与加成率之间的关系，以便为后续的研究提供参考。

第二，理论模型构建。

本书第三章将基于 Melitz(2003)常替代弹性的理论模型和贸易自由化影响企业生产技术选择的理论模型，结合中国实际情形给出相应假设，构建出可以分析中间品贸易自由化影响出口企业和非出口企业生产技术的理论模型。

本书第四章将基于 Melitz & Ottaviano(2008)包含竞争的理论框架，构建中间品贸易自由化政策影响企业出口产品质量与企业可变加成率的理论模型。与此同时，分析中间品贸易自由化影响企业出口产品质量及企业可变加成率的作用渠道(成本渠道和竞争渠道)，探讨内在的作用机理。

第三，实证检验和分析入世后的中间品贸易自由化对中国制造业企业高低生产技术选择的影响。

中间品贸易自由化政策是否促进中国企业生产技术的升级？主要影响出口企业还是非出口企业的技术选择？对不同生产率的出口企业是否存在差异性作用？什么类型(资源禀赋不同)的企业的生产技术选择受中间品贸易自由化政策的影响较大？实证结果与理论模型预测是否相符？这些问题都将是本书要解答的问题。

第四，实证分析中间品贸易自由化对中国制造业企业出口产品质量和加成率的影响。

利用 2000—2006 年的中国工业企业数据库、海关进出口数据库和高度细化的关税数据，检验中间品贸易自由化程度与企业出口产品质量和加成率是线性关系还是 U 形关系。通过构建实证分析模型，单独分别检验中间品贸易自由化的成本渠道和竞争渠道是否存在。如两渠道单独分别存在，本书将在同一实证模型中检验两渠道的混合作用。检验中间品贸易自由化是否通过成本渠道始终促进中国制造业企业出口产品质量升级。通过分析两渠道的共同混合作用，本书尝试解释入世后中国实施的中间品贸易自由化与企业出口产品质量和加成率之间呈现U形关系的原因。

第五，提出有效政策建议。

本部分针对以下问题针对性地提出相关政策建议：(1)如何提高企业的生产技术和产品质量，摆脱"被锁定"和"被导向"等比较优势陷阱倾向，缩小与发达经济体之间的差距；(2)如何增强企业的定价能力，提高加成率，以扩大中国在国际贸易中的总体福利水平。最后根据上述研究过程中发现的问题与相关结论，提出适宜的政策建议。

第三节　研究方法与研究创新

一、研究方法

基于入世后中国实施的中间品贸易自由化政策，本书遵循现代经济研究范式研究中间品贸易自由化对中国制造业企业的生产技术选择、出口产品质量和加成率的影响。为了更好地研究该主题，本书应用多种研究方法进行分析，具体归纳如下：

第一，紧密结合理论模型推论与实证分析。

为了全面细致地论证本书的研究结论，我们采用了理论分析和实证检验相结合的研究方法。在研究相关主题时，本书首先在异质性贸易理论框架下构建出理论模型，并推导出相关推论。接下来，我们基于理论模型推论设定实证分析的自变量、因变量和相关控制变量，设定正确的实证模型并进行实证分析。如果使用中国微观企业数据的实证结果与理论模型推论相符，则表明相关结论的稳健性。除此之外，本书还将进行多个稳健性检验，检验实证结果的可靠性。

第二，有机结合定性分析和定量分析。

本书的定性分析体现为通过二维散点图初步检验中间品关税与中国制造业企业出口产品质量、加成率之间是否呈现非线性U形关系。定量分析主要体现在通过构建实证模型验证中间品关税与中国制造业出口产品质量、企业加成率是否为U形关系，以及验证中间品贸易自由化作用的成本渠道和竞争渠道。本书力求通过定性分析和定量分析相结合的方法，准确统一地研究入世后中间品贸易自由化对中国制造业企业出口产品质量和加成率的影响。

二、研究创新

本书主要有以下创新：

第一，在前人的方法上，本书使用更为细致的对照表计算了中国国民经济产业分类四位码的关税，计算更为细致和精确。此外，考虑到部分工业部门的原材料主要来源于农业和林业，本书计算了农业和林业的产业关税。得到农业、林业关税之后，本书基于产业关联的中国投入产出表计算了中国制造业产业关税，测算过程更加合理和精确。

第二，本书基于需求和生产两方面的设定测度了中国制造业企业的出口产品质量。

第三，本书使用多个代理变量衡量企业的生产技术水平，并采用多个实证分析验证了入世后中国中间品贸易自由化对制造业企业生产技术选择的影响。

第四，基于Melitz(2003)的理论模型，本书建立了中间品贸易自由化影响企业生产技术选择的理论模型。结合中国实际情形，本书既可以分析中间品贸易自由化影响出口企业和非出口企业生产技术的不同作用，也可以分析对出口企业生产技术选择的差异化作用。

第五，基于Melitz & Ottaviano(2008)的分析框架，本书构建了中间品贸易自由化影响企业出口产品质量和加成率的理论模型，并验证了中间品贸易自由化发生作用的成本渠道和竞争渠道。

第六，本书首次检验到入世后中间品关税与中国制造业企业出口产品质量和加成率呈现U形关系。通过分析成本渠道和竞争渠道的共同作用，我们解释了入世后中间品关税与中国制造业企业出口产品质量和加成率呈现U形关系。

第二章
文献综述

国际贸易理论的研究可以追溯到经济学之父亚当·斯密的绝对优势理论，其基本结论是国家之间的生产率存在差异，一国应该出口具有绝对优势的产品，从其他国家进口处于绝对弱势的产品，从而保证各个国家从国际贸易获得好处，实现双赢。然而在现实中，有些国家在所有商品的生产中均具有绝对优势，有些国家在所有商品的生产中均不具备绝对优势，但可观察到两者之间依然存在贸易，绝对优势理论无法对此进行解释。因此，大卫·李嘉图在国家之间的生产率存在差异的基础上，提出在一国内不同商品之间也存在技术差异，形成了相对优势理论。该理论的基本结论为不同国家在不同商品上存在相对优势，从而成功解释了绝对优势理论无法解释的实际现象，极大地拓展了国际贸易理论研究的视野。但该理论把生产技术设为外生的，无法探讨生产技术以及相对优势的来源，对国际贸易的诠释力有限。之后，赫克歇尔和俄林的H-O理论从要素禀赋视角解释了比较优势的来源，认为要素禀赋是比较优势的主要来源，一个国家应该主要生产并出口密集使用本国丰裕要素的商品，进口密集使用本国稀缺要素的商品。上述传统贸易理论的基本假设是市场结构为完全竞争市场，不同国家之间的企业和产品同质，规模报酬不变等。在这些假设条件下，传统贸易理论成功诠释了20世纪前期的主要贸易模式——产业间贸易。然而，20世纪60年代以来，发达经济体之间的贸易量迅速增长，相同产业之间贸易也迅速增多，表明资源禀赋相类似的国家之间也可形成大量的产业内贸易。显然传统贸易理论无法解释该现象，需要新的理论进行诠释。

在此现实背景与理论需求下，以克鲁格曼为核心的新贸易理论逐渐形成。Krugman(1979)在 Dixit & Stiglitz(1977)理论模型的基础上构建了简单的一般均衡分析框架，得出技术水平和资源禀赋相似的国家之间由于规模经济也会产生贸易，成功解释了现实世界中的产业内贸易模式。之后大量学者在规模报酬递增的假设下分析了产业内贸易现象(Krugman，1980，1981；Lancaster，1980；Helpman，1981)。新贸易理论虽然认为产品是异质的，但是其假设生产同一种产品的不同企业是同质的，与实际情形不符。

为了放松新贸易理论中的"企业同质性"假设，Bernard et al.(2003)和Melitz(2003)将生产率异质性引入新贸易理论模型，后来学者们在生产率异质性、质量异质性和加成率异质性等假设下开展了大量研究(Bernard et al.，2003；Bernard et al.，2007；Bernard et al.，2010；Bernard et al.，2011；Melitz & Ottaviano，2008；Redding，2010)，进而形成目前国际贸易研究领域最为前沿和流行的异质性贸易理论——新新贸易理论。本书主要在新新贸易理论框架下进行研究，不仅可以考虑企业自身的特性，而且可以对企业之间的差异化行为进行考察。因此，本书的文献综述部分主要着眼于异质性企业，介绍与本研究主题相关的新新贸易理论方面的研究。

本章的余下部分内容如下：第一部分详细论述新新贸易理论的发展，尤其是重点介绍企业的异质性部分；第二部分具体论述贸易自由化、企业出口行为与绩效方面的相关研究，重点介绍贸易自由化与企业生产技术、产品质量和加成率方面的文献研究。

第一节 新新贸易理论的发展

进入21世纪以来，随着国际贸易的深入发展和国际价值链的不断深化，企业在国际贸易学术研究中越来越趋向核心地位，国际贸易理论的研究方向也由产业层面研究逐渐转向企业层面研究。与此同时，企业微观数据的收集越来越受到各个国家的重视，随着数据统计制度日趋完善、统计范围越来越广和统计方法越来越多，企业微观数据的可得性越来越强，企业层面的衡量指标也越来越多。到目前为止关于美国、中国、印度尼西亚和哥伦比亚等国家的微观企业数据已非常细致。许多学者开始使用微观企业数据，甚至企业-产品层面数据研究同一产业内不同企业之间的差异性以及该差异性对企业行为带来的影响。Bernard et al.（1995）使用美国制造业微观企业数据研究分析，发现在同一产业内，出口企业通常具有更高的规模和资本劳动比，更为重要的是出口企业具有更高的生产率和支付更高的工资水平。随后大量学者也发现出口企业与非出口企业在多个指标上存在较大差别（Aw & Hwang，1995；Bernard & Wagner，2001；Bernard & Jensen，1999；De Loecker，2011；Schank et al.，2007；Clerides et al.，1998）。在同一产业内，不同出口企业之间也存在较大差异，Manova & Zhang（2012）使用中国详细的海关数据发现不同出口企业对同一国家出口同一商品时会设定不同的市场价格，设定更高出口价格的企业通常在该国会有更高的销售额，并且在世界范围内也有更高的销售额，也能将商品出口到更多的国家。再进一步讲，一企业生产的同类产品也可能存在较大差异，Manova & Zhang（2012）使用中国海关数据研究发现企业根据出口目的国不同而对同一种类商品设定不同的价格，出口目的国越富裕、国家规模越大、双边距离越远，该商品的价格设定越高。

综上分析，同一产业中出口企业与非出口企业之间、出口企业之间和同一企业内产品之间均存在一定的差异性。接下来容易提出的问题是为什么会出现这些差异性？这些差异性将会对企业的行为和绩效造成何种影响？异质性贸易理论——新新贸易理论正是从企业异质性视角出发，尝试解释以上企业的差异化行为和绩效。本部分内容主要分析企业的生产率异质性、产品质量异质性，论述新新贸易理论的主要发展脉络和核心内容。

一、生产率异质性

生产率异质性是异质性来源中的核心异质性，也是新新贸易理论起源时 Bernard et al.（2003）和 Melitz（2003）最初关注的企业异质性。绝对优势理论和相对优势理论关注国家之间的产业生产率差异（生产技术），而将此视角拓展到同一产业内不同企业时，则为生产率异质性，从某种角度上讲生产率异质性实际上是绝对优势理论和相对优势理论等传统贸易理论的传承与拓展。生产率是衡量企业投入产出关系的核心指标之一，直接决定了企业边际成本的高低，进而影响企业的竞争优势。企业会根据自身生产率水平作出是否继续生产、生产何种产品质量的产品等决策。到目前为止，生产率异质性仍是新新贸易理论主要研究方向之一。下面本书将通过经典文献 Melitz(2003)介绍如何将生产率异质性引入理论模型，具体如下：

Melitz(2003)假定市场结构为垄断竞争，每家生产企业只生产一种差异化的商品，即各个生产企业生产的商品之间非同质、存在一定的差异。企业生产只使用劳动作为生产要素，工资为 1。企业生产的固定成本为 f，企业异质性体现为企业生产率水平 φ 不同，企业的总成本设定为：

$$\mathrm{TC}(\varphi)=f+\frac{q(\varphi)}{\varphi} \tag{2.1}$$

上式表明：企业的边际成本为 $1/\varphi$，不同生产率企业的边际成本不同，生产率越高的企业的边际成本越低。与此同时，上式也表明生产相同数量的产品，生产率 φ 越高的企业总成本越低，进而更高生产率的企业在市场竞争中可获得竞争优势。根据企业的定价原则——边际收益等于边际成本，可得企业的产品价格为：

$$p(\varphi)=\frac{\sigma}{\sigma-1}\frac{1}{\varphi} \tag{2.2}$$

上式表明生产率异质性对企业的市场定价具有重要影响。生产率 φ 越大，企业的市场定价越低。

此外根据 Melitz(2003)市场需求的设定，我们还可以得到企业的销售量 $q(\varphi)$、企业的销售额 $r(\varphi)$ 和企业的利润函数 $\pi(\varphi)$ 等表达式

$$q(\varphi)=RP^{\sigma-1}\left(\varphi\frac{\sigma-1}{\sigma}\right)^{\sigma} \tag{2.3}$$

$$r(\varphi)=R\left(P\varphi\frac{\sigma-1}{\sigma}\right)^{\sigma-1} \tag{2.4}$$

$$\pi(\varphi) = \frac{r(\varphi)}{\sigma} - f = R\left(P\varphi\frac{\sigma - 1}{\sigma}\right)^{\sigma-1} - f \tag{2.5}$$

以上表达式表明生产率异质性对企业的销售量、销售额和利润具有重要影响，即生产率 φ 越大，企业的销售量越大，销售额和利润也越高。

经典文献 Melitz(2003)的基本结论与企业的生产率异质性紧密相关，生产率处于临界生产率以下的企业将退出国内市场，只有生产率足够高的企业才能出口国际市场，生产率处于两者之间的企业仅服务国内市场。新新贸易理论的另外一篇开山之作 Bernard et al. (2003)虽然在模型构建和生产率基本假设上与 Melitz(2003)有所不同，但两者的基本思想类似，即主要强调了生产率异质性，也认为生产率异质性是导致企业出口行为、边际成本等不同的主要因素。

在 Bernard et al. (2003)和 Melitz(2003)提出生产率异质性之后，大量国际贸易学者在生产率异质性方面做了大量的研究，主要结论有：生产率更高的企业更有可能出口(Chaney，2008；Arkolakis，2010；Gervais，2015a)；生产率更高的企业将会生产更高产品质量的产品(Fan et al.，2015c)；生产率更高的企业将获得更高的企业加成率(Melitz & Ottaviano，2008；Fan et al.，2015b)等。这些研究验证了生产率异质性对企业差异化行为的影响，表明生产率异质性对企业行为具有强大的解释力。

二、产品质量异质性

随着新新贸易理论的发展，部分实证文献发现企业生产率与产品价格出现出正向关系(Hummels & Klenow，2005；Johnson，2012；Schott，2004；Hallak & Schott，2011；Hallak & Sivadasan，2013；Baldwin & Harrigan，2011)。生产率异质性的相关文献得出结论为生产率更高的企业设定更低的产品价格，生产率异质性无法解释上述现象。因此，有学者开始从产品质量视角解释该现象。接下来的问题是，区分生产率异质性和产品质量异质性有必要吗？产品质量异质性有如此重要吗？Gervais(2015a)给出了肯定的答案：首先，达到一定产品质量是出口的先决条件，不管质量较低的产品价格设定有多低，都是无法出口的；① 其次，以 Linder(1961)为代表的学者认为随着人均收入的提高人们会提高对产品质量的要求，这将导致发展中国家的低质量产品很难出口到发达国家并获得利润(Fajgelbaum et al.，2011)；最后，产品价格往往与产品质量正相关，随着产品质量的提升，产品价格提高，单位产品的运输费用(包括关税)将随着产品质量的提升而降低，进而高质量产品的需求将上升(Hummels & Skiba，2004)，这暗示生产高质量产品企业更有可能出口。总而言之，产品质量异质性是企业异质性的重要来源之一，越来越多的理论学者关注产品质量异质性。下面本书将简单介绍理论学者如何将产品质量异质性引入模型中。

第一类理论模型是在 Melitz(2003)的基础上，将产品质量设为外生变量，分布与 Melitz(2003)生产率分布形式类似(Baldwin & Harrigan，2011；Crozet et al.，2011；Dinopoulos & Unel，2013)，从而引入产品质量异质性。

第二类理论模型是在 Melitz(2003)的基础上，将产品质量内生化，将产品质量引入 CES 形式的间接效用(Hallak & Sivadasan，2013；Baldwin & Harrigan，2011；Fan et al.，2015c；Fan et al.，2015a)。间接效用 U 的具体形式如下：

$$U = \left[\sum_{j} (\lambda_j q_j)^{\frac{\sigma-1}{\sigma}} \right]^{\frac{\sigma}{\sigma-1}} \tag{2.6}$$

上式中，q_j 代表消费者消费商品 j 的数量，λ_j 代表消费者消费商品 j 的质量，σ 代表产品之间的替代弹性。该消费者的间接效用 U 为产品数量 q_j 和产品质量 λ_j 的增函数，表明消费者偏好更多的数量和更高质量的产品。产品质量异质性影响消费者的效用水平，该设定与现实中消费者的行为相符。在总支出 I 的约束下，代表性消费者行为最优化时差异化商品 j 的消费量 q_j 具体表达式为：

① 例如印度政府为了保证印度出口的健康发展，对出口产品质量实行一定程度的管控。Hallak & Sivadasan(2013)在理论模型中对出口的商品设定产品质量要求。

$$q_i = p_i^{-\sigma}\lambda_i^{\sigma-1}\frac{I}{P} \tag{2.7}$$

其中，价格指数 P 的表达式为：

$$P = \sum_j p_i^{1-\sigma}\lambda_i^{\sigma-1} \tag{2.8}$$

以上两式表明代表性消费者消费商品 j 的数量与该产品的价格和产品质量有关。产品质量异质性对代表性消费者的消费量有重要影响，验证了产品质量异质性的重要性。除此之外，产品质量异质性影响企业的边际成本、加成率和产品价格等。

第三类理论模型是在 Melitz & Ottaviano(2008)基础上，同样将产品质量内生化，将产品质量引入线性形式的间接效用(Stanfield et al.，2008；Antoniades，2015；Ludema & Yu，2016)。代表性消费者的效用函数设定如下：

$$U = q_0^c + \alpha\int_{i\in\Omega} q_i^c \mathrm{d}i + \beta\int_{i\in\Omega} z_i q_i^c \mathrm{d}i - \frac{1}{2}\gamma\int_{i\in\Omega}(q_i^c)^2\mathrm{d}i - \frac{1}{2}\eta\left\{\int_{i\in\Omega} q_i^c\mathrm{d}i\right\}^2 \tag{2.9}$$

其中 q_0^c 和 q_i^c 分别为消费者的同质化产品(计价商品)的消费量和差异化产品 i 的消费数量；Ω 代表消费者所消费的差异化商品的集合，α、β、γ 和 η 均为大于零的参数；z_i 为差异化产品 i 的产品质量。如果所有企业的产品质量无差异($z \equiv 0$)时，此代表性消费者的效用函数将与 Melitz & Ottaviano(2008)完全一致。上式表明产品质量异质性影响消费者的效用水平，进而影响产品的消费量。

由该效用函数可推导出代表性消费者对差异化产品 i 的需求函数，具体为：

$$p_i = \alpha - \gamma q_i^c + \beta z_i - \eta Q^c \tag{2.10}$$

上式证明代表性消费者消费商品的数量与该产品产品质量有关，进一步验证产品质量异质性的重要性。在上式中，$Q^c = \int_{i\in\Omega} q_i^c\mathrm{d}i$，代表所有种类差异化商品的消费量总和。参数 α 和参数 η 代表相对于同质化商品代表性消费者对差异化商品的偏好程度。参数 α 越大和参数 η 越小，代表性消费者越偏好差异商品。如果参数 γ 和参数 β 同时为零，则所有差异化商品的需求相同，差异化商品之间相互完全替代，即消费者只关心差异商品的总数量 Q^c。因此，参数 γ 和参数 β 越大，差异化商品之间的差异程度越大，参数 β 反映代表性消费者对差异化产品质量的偏好。

总而言之，产品质量异质性已成为国际贸易理论研究的前沿和热点，大量学者也研究了产品质量异质性对企业行为和绩效的影响。

三、简要评述

上文从企业异质性来源视角简要梳理介绍了新新贸易理论的发展脉络，可以看出基于不同企业异质性假设的理论模型对现实经济现象的解释力各有不同。新新贸易理论的建立始于生产率异质性，放松了新贸易理论中的“企业同质性”假设，从而将国际贸易研究拓展到了企业层面的差异化研究，成功解释了发达经济之间的产业内贸易现象和产业内出口企业生产率高于非出口企业的现象。然而，国际贸易实际情形中出现了一些以 Melitz(2003)为代表基于生产率异质性的经典新新贸易理论无法解释的经济现象，包括出口距离与出口价格正相关、企业生产率与出口价格正相关和企业规模与企业出口状态负相关等。为解释上述重要的经济现象，相关学者通过引入产品质量异质性成功解释了以上现象。除此之外，一些学者也将加成率异质性和企业规模异质性等企业异质性引入国际贸易模型，尝试解释基于生产率异质性和产品质量无法解释的经济现象。需要指出的是，与 Melitz(2003)和 Bernard et al. (2003)仅仅研究一个企业异质性不同，越来越多的国际贸易理论模型同时引入两种或者两种以上的企业异质性解释更为复杂的经济现象(Hallak & Sivadasan, 2013; Fan et al., 2015c; Ludema & Yu, 2016)，这也是目前国际贸易理论发展的主流趋势之一。

在企业微观数据逐渐丰富的基础上，以“企业异质性”为基本假设的新新贸易理论在过去十几年内迅速发展并成为国际贸易研究的前沿和主流研究。其贡献主要如下：第一，新新贸易理论通过对企业异质性与创新行为、加成率、雇用劳动人员与支付工资、产品定价、产品转换行为等企业行为研究，将国际贸易研究主流拓展到了企业和产品层面，极大地拓展了国际贸易研究范围；第二，新新贸易理论也促进理解国际贸易如何影响同一产业内的企业之间和企业内部的资源重新配置，进而提高行业整体的生产率、产品质量、加成率和市场竞争等市场表现，最终提高社会总体福利水平；第三，新新贸易理论也帮助国家与人民理解经济政策的制定与变动对同一产业内不同的企业具体有不同的影响，不同企业会根据“企业异质性”做出差异化的市场行为。总之，新新贸易理论是国际贸易目前主流的经济理论，并具有强烈的政策含义。

第二节　贸易自由化、企业出口行为与绩效

贸易自由化可以理解为各国在经济全球化的背景下，逐步降低关税水平，取消各种非关税壁垒，逐步实现商品、服务及各种生产要素在全球范围内优化配置的过程。学界对贸易自由化政策的研究最早可追溯到英国古典自由贸易理论的奠基人亚当·斯密的绝对成本理论，并且在国际贸易理论不断发展过程中贸易自由化始终是非常重要的研究命题。通过梳理文献，可发现已有贸易自由化相关研究并非侧重贸易自由化政策本身的研究，而主要是对贸易自由化的影响效应进行研究。该部分文献综述部分将主要围绕异质性企业视角下的贸易自由化、企业出口行为与绩效主题展开。本部分首先梳理除企业生产技术选择、产品质量和加成率企业行为之外的贸易自由化影响企业出口行为的相关文献；接下来，为了重点研究本书的研究主题，本部分将分别详细梳理贸易自由化与企业生产技术、产品质量和加成率的国内外经典理论和实证文献。

一、贸易自由化与企业出口行为

（一）收入分配效应

贸易自由化的收入分配效应主要表现为对工薪差距的影响，且大都强

调技术进步渠道作用。Acemoglu(2003)构造理论模型论证了贸易开放的不断深入将扩大技能工人与非技能工人之间的工资差距。Amiti & Davis(2011)通过印度尼西亚的数据发现出口关税减让降低进口竞争企业的工资差距与扩大出口企业的工资差距，而进口关税的降低仅仅扩大使用本国中间品的进口竞争企业的工资差距。国内方面 Chen et al.(2013)则专注研究中间品贸易自由化对企业内高低技能工人工资差距的影响，通过实证得出中间品关税减让将增加企业的利润和扩大企业内工资差距的结论。除此之外，还有大量的文献关注贸易自由化的收入分配效应(Han et al., 2012; Goldberg & Pavcnik, 2007)。

(二)企业生产率

Pavcnik(2002)使用1979—1986年智利的制造业企业数据，研究了贸易自由化对企业生产率的作用，研究发现贸易自由化政策促进了企业内部生产率的提高。Amiti & Konings(2007)基于印度尼西亚工业企业数据研究贸易自由化对企业生产率的影响，并且区分了最终品与中间投入品关税，同时也证实这两种关税均可提升印度尼西亚工业企业的生产率。国内方面，余淼杰(2010)实证考察了中国贸易自由化对制造业企业生产率的影响，得出贸易自由化显著提高了企业生产率的结论，但仅考虑了1998—2002年的企业样本。余淼杰(2011)检验了中国入世后进口关税减让对工业企业生产率提升的影响，发现加工贸易企业生产率高于非加工贸易企业，但该篇文献并没有考虑中间投入品关税的影响。毛其淋和盛斌(2013)区分了最终品关税与中间品关税减让对中国企业生产率的提升作用。总之，目前贸易自由化与企业生产率相关文献众多，基本结论为企业生产率受到贸易自由化的影响(Tybout & Westbrook, 1995; Krishna & Mitra, 1998; Melitz, 2003; Melitz & Ottaviano, 2008; Topalova & Khandelwal, 2010)。

(三)企业进入退出决策

新新贸易理论开山之作 Melitz(2003)构建的理论模型，认为贸易自由化会提高行业内临界生产率水平，进而会促使部分低生产率的企业停止生产、退出国内市场。在 Melitz(2003)提出此命题后，大量实证文献分析研究关税减让对企业进入、退出市场行为的影响。Gu et al. (2003)发现加拿大在签订 FTA 协议后制造业具有很高的更替率，关税减让政策显著地提高了企业退出率，但并未对企业进入率产生显著影响。Baggs(2005)在北美贸易协定的背景下使用加拿大微观企业数据，发现关税减让降低了加拿大企业的生存率，却提高了美国企业的存活概率。Chaney(2005)拓展了 Melitz(2003)理论模型，同时分析未预期的贸易自由化对企业进入退出行为的影响，基本结论为贸易自由化短期内对产业和企业影响比长期内更为强烈，短期内贸易自由化会致使大量低生产率企业退出国内市场，但随着贸易自由化的进行，贸易自由化的长期作用逐渐体现，原来退出市场的部分企业(生产率相对较高的企业)会重新进入国内市场进行生产。Costantini & Melitz(2008)通过在理论模型中设置生产固定成本，分析了贸易自由化对企业进入市场和退出市场的影响。Baldwin & Yan(2011)的研究也证实了加拿大关税减让对企业退出具有显著促进作用。国内这方面的研究以毛其淋和盛斌(2013)为代表，该文献通过使用 1998—2007 年中国工业企业数据进行了中国贸易自由化对企业进入退出市场行为的研究，发现最终品关税对企业进入退出出口市场无显著影响，而投入品关税削减对企业进入退出出口市场具有显著负向抑制作用。

二、贸易自由化与企业生产技术选择

相比于企业生产率和企业工资差距等方面，研究贸易自由化对企业生产选择或者生产技术升级的文献相对较少，尤其是从企业层面研究中间品贸易自由化对技术选择影响的文献更为稀少。为更全面梳理贸易自由化(包括中间品贸易自由化)影响企业生产技术水平的文献，该部分首先介绍企业生产技术的测度问题，接着介绍那些主要影响企业生产技术选择与技术升级的因素，最后重点介绍贸易自由化与企业生产技术选择或者生产技术升级的文献。

(一)企业生产技术水平的测度

作为技术的一个分支①，工业技术在经济社会发展中起到了至关重要的作用。在其他条件相同的条件下，企业生产技术将直接决定企业的生产效率，可显著促进企业市场表现和竞争优势(Gomez & Vargas，2009)。然而在各个国家的统计制度中，均没有统计企业生产技术指标，究其原因主要是企业生产技术难以观测和具体衡量，甚至企业自身只能知晓自身生产技术的高低但无法知晓其生产技术的具体水平。因此在研究行业生产技术或者企业生产技术主题时，需寻找能够反映生产技术的代理变量。需要指出的是，这些反映生产技术的代理变量同样无法精确度量行业或者企业生产技术的具体水平，存在一定程度的代理误差。

在使用代理变量衡量企业生产技术的文献中，最为精确的是 Bustos(2011)基于阿根廷微观企业数据选取的代理变量，该数据统计了企业的电脑、软件、技术转移、专利和研发指标，根据这些信息可更为精确地反映企业生产技术水平。Stebro(2002)基于 1992 年美国金属加工业企业数据采纳电脑辅助技术和电脑数控技术代理企业高生产技术。由于资本品的生产集中在少数研发密集的国家(Eaton & Kortum，2002)，资本品内含的技术含量更高，是国际贸易中承载技术扩散的重要媒介(Xu & Wang，1999)，因此 Bas & Berthou(2013)采用是否进口资本品虚拟变量衡量印度企业生产技术。部分文献使用全要素生产率衡量企业生产技术(张成，等，2011)，然而此做法存在较大的偏差。企业生产技术与全要素生产率之间存在较大的偏差，高生产技术的企业通常具有全要素生产率，全要素生产率还受到企业管理水平、人员配置等多因素影响，因此全要素生产率高的企业不一

① 1977 年世界知识产权组织出版的《供发展中国家使用的许可证贸易手册》将技术定义为“技术是制造一种产品的系统知识，所采用的一种工艺或提供的一项服务，不论这种知识是否反映在一项发明、一项外形设计、一项实用新型或者一种植物新品种，或者反映在技术情报或技能中，或者反映在专家为设计、安装、开办或维修一个工厂或为管理一个工商业企业或其活动而提供的服务或协助等方面。”

定使用高生产技术。除此之外，也有少量文献使用其他代理变量衡量企业生产技术，例如技能型劳动密集度(刘杨，2009)和“资本劳动比偏离程度”(陈晓华和刘慧，2015)等。

(二)企业生产技术水平的影响因素

自从 Griliches(1957)提出“为什么有些企业采用了先进生产技术而另外一些企业并没有采用先进生产技术”这一重要命题后，到目前为止国内外大量文献从不同视角研究影响企业生产技术选择的因素，因此该部分内容主要介绍除贸易自由化因素外有哪些因素影响企业生产技术选择或者生产技术升级。

Stebro(2002)基于 1992 年美国金属加工业企业数据的研究发现企业规模是影响企业采纳电脑辅助技术和电脑数控技术的主要因素，其他大量研究也证实了企业规模与企业高生产技术之间的正相关关系(Dunne，1994；Karshenas & Stoneman，1993；Rose & Joskow，1990)。Dunne(1994)使用 1988 年关于制造与装配产业的微观数据同时分析了企业年限和企业规模对企业生产技术的影响，发现企业年限并未显著影响企业生产技术，而企业规模越大企业越可能应用更为高级的生产技术。Gomez & Vargas(2009)发现信贷约束和吸收能力对企业生产技术具有重要影响。Milliou & Petrakis(2011)通过建立理论模型分析市场竞争对企业采用新生产技术时机的影响，发现市场竞争与新生产技术之间并非简单的线性关系，两者之间关系受到产品替代程度和市场竞争类型的影响。Xu(2011)使用世界银行对中国企业的调研数据同时分析了贸易与国外直接投资对企业技术采用的影响，研究发现出口和国外直接投资均显著促进企业应用更为高级的生产工艺，不同国际化目标的企业的生产技术来源存在差异。Gómez & Vargas(2012)使用西班牙微观企业数据从无形资产视角分析企业生产技术，研究发现研发投资增加企业应用高生产技术的概率，人力资本和广告支出可能增加企业应用高生产技术的概率。

除此之外，许多文献也研究高生产技术对其企业行为的影响，例如高生产技术影响企业生产率(Huggett & Ospina, 2001; Tsekouras et al., 2010),可显著促进企业市场表现和竞争优势(Stoneman & Kwon, 1996; Dos Santos & Peffers, 1995)。

(三)贸易自由化与企业生产技术水平

迄今为止,贸易自由化与技术进步在各自领域的研究已趋于成熟,但将这两个重要的研究话题联系在一起的研究较少,尤其是从企业层面研究中间品贸易自由化对技术选择影响的文献更为稀少,因此本书尝试在此方面做出些许贡献。

Falvey & Reed(2000)研究发现贸易自由化可以改变其他国家的中间投入品价格,进而对其他国家生产商的技术选择造成重要影响。Yeaple(2005)通过构建一般均衡模型得出了贸易自由化促进企业采用更高技术含量生产工艺的结论。Ekholm & Midelfart(2005)建立理论模型得出贸易自由化会促使企业选择高技能的生产技术,进而促进企业对高技能劳动力的需求。刘杨(2009)将厂商的差异性引入理论模型并使用中国制造业上市公司数据分析,发现贸易自由化并非使所有出口厂商实现技术升级。Bustos(2011)通过构建两国的异质企业模型与使用阿根廷企业数据分析,认为贸易一体化促进出口企业升级,且仅促进中等生产率企业进行技术升级。然而,以上文献并未区分中间品贸易自由化与最终品贸易自由化对企业技术选择的影响。Bas & Berthou(2013)建立了纳入投入品的局部均衡模型,认为投入品贸易自由化并非促进全部企业的技术升级。他们采用印度企业数据得出投入品贸易自由化只促进中等生产率企业技术升级的结论,但未区分投入品贸易自由化对生产率不同的出口企业与非出口企业的不同作用。Ederington & McCalman(2013)通过建立理论模型,明确区分了关税削减和减少非关税措施(进口配额等)对企业研发和企业技术选择的影响,发现关税削减对本国和外国企业生产技术具有中性作用,关税措施可影响本国和外国企业生产技术的扩散。

三、贸易自由化与企业产品质量

产品质量已经成为国际贸易研究领域的一个重要研究领域(Feenstra & Romalis，2014)，越来越多的学者开始关注该主题。因此，从贸易自由化视角研究产品质量的文献已经较多，从企业层面研究中间品贸易自由化对产品质量影响的文献也相对较多，研究尚有较大的提升空间。为更全面梳理贸易自由化(包括中间品贸易自由化)影响企业产品质量的文献，该部分首先介绍产品质量测度问题，接着介绍那些主要影响影响企业产品质量的因素，最后重点梳理贸易自由化影响企业产品质量的主要文献。

(一)企业产品质量的测度

国际标准化组织(International Organization for Standardization，ISO)将产品质量定义为“产品反映实体满足明确和隐含需要的能力和特性的总和”。根据产品质量的定义可知，产品质量难以观测和具体衡量，并且在各国国家的统计数据中并无指标直接精确衡量企业产品质量，因此准确测算产品质量成为实际分析中的一大挑战。但随着国际贸易理论学者的不断努力和各国微观企业-产品层面数据可得性提高，理论模型与微观企业产品数据相结合，产品质量衡量方法已经取得了较大的发展和进步，目前主要方法有单位价值法(Bastos & Silva，2010；Manova & Zhang，2012；Bas & Strauss-Kahn，2015)、产品特征法(Goldberg & Verboven，2001；Crozet et al.，2011；Chen & Juvenal，2016)、利用需求信息反推产品质量法(Khandelwal，2010；Khandelwal et al.，2013；Hallak & Sivadasan，2009)、利用需求和供给信息反推产品质量法(Feenstra & Romalis，2014)。具体测度方法如下：

1. 单位价值法

单位价值法是指将产品平均单价作为产品质量的衡量标准，其背后原理非常简单，即高价格产品的产品质量也高，这与现实中消费者直观感受与消费行为相符。单位价值法是衡量产品质量的最初做法，其优势是测算过程简单便利，通过产品数量信息和销售额信息即可测算。Bastos & Silva(2010)、Manova & Zhang(2012)、Bas & Strauss-Kahn(2015)等近期文献仍使用产品单价近似作为衡量产品质量的标准。然而，该做法存在较大代理误差，原因为平均价格除包含质量信息外还包括成本信息、加成率信息等，该做法也忽略了企业生产率异质性所导致的价格差异。由于质量阶梯的存在，产品价格和产品质量不一定为正相关关系，Antoniades(2015)已证明对于质量短阶梯的产品，产品价格和产品质量有可能呈现负相关关系，在这种情况下产品单价并不是产品质量良好的代理变量。

2. 产品特征法

该类做法主要通过反映产品质量的一种或者多种特征对企业产品质量进行度量。与单位价值法相比，该类做法充分反映了企业异质性、产品异质性和品牌等因素，更能准确衡量某些特殊产品的产品质量。Verhoogen(2008)和 Hallak & Sivadasan(2013)使用 ISO 9000 认证作为产品质量的代理变量，通过产品多项指标的质量认证体系来评定产品质量的高低。Goldberg & Verboven(2001)通过汽车的多项参数(发动机的动力、排量、扭力等)评价各大车企不同品牌的汽车产品质量。Crozet et al.(2011)通过市场对一种特殊的酒-香槟的评价体系，将不同企业和品牌的香槟的评级作为其产品质量的代理变量。

然而，到目前为止，产品特征法仅能对部分特殊产品测算产品质量，并未得到广泛推广。原因可能为，产品特征仅存在差别性较大、特征性明显的产品中，这些特殊产品仅仅是全部产品的一小部分。但对差别性较小的产品(例如玉米、大豆等农产品)，由于产品之间同质性太强而无法应用产品特征法评定其产品质量。

3. 利用需求信息反推产品质量法

利用需求信息反推产品质量法是在 Melitz(2003)的基础上，将产品质量引入 CES 形式的间接效用函数(Hallak & Sivadasan，2013；Baldwin & Harrigan，2011；Fan et al.，2015c；Fan et al.，2015a)，在需求方面假定

代表性消费者更偏向更高产品质量的商品，通过在收入一定的约束下的代表性消费者的最优化行为，推导出包含产品质量的最优化表达式，再利用产品价格和数量等信息进行回归并计算残差值，用此残差值衡量产品的质量。下面简单介绍将产品质量引入消费者间接效用函数的过程：

间接效用 U 的具体形式如下：

$$U = \left[\sum_{j} (\lambda_j q_j)^{\frac{\sigma-1}{\sigma}} \right]^{\frac{\sigma}{\sigma-1}} \tag{2.11}$$

上式中，q_j 代表消费者消费商品 j 的数量，λ_j 代表消费者消费商品 j 的质量，σ 代表产品之间的替代弹性。该消费者的间接效用 U 为产品数量 q_j 和产品质量 λ_j 的增函数，表明消费者偏好更多的数量和更高质量的产品。产品质量异质性影响消费者的效用水平，该设定与现实中消费者的行为相符。

该类做法的基本逻辑为价格相同的两个同类商品中，销售量越多的商品其产品质量越高。由于对包含产品质量的最优化表达式进行回归时价格和产品数量存在双向因果关系，因此此类测算产品质量做法的区别主要为产品价格的工具变量选取。Khandelwal(2010)选取国家间地理距离、汇率和石油价格作为产品价格的工具变量。Piveteau & Smagghue(2013)和张杰(2013)采用企业进口中间品的真实汇率作为工具变量，但现实数据中仅有部分企业进口中间品，因此该文选取的工具变量方法值得商榷。

利用需求信息反推产品质量法的优点是应用范围广，能准确测算产品质量，但其缺点也较为明显。首先，该方法仅仅考虑需求面因素，忽略供给面因素对产品质量的影响，因而在实际测算过程中不同学者应用同一数据测算的结果也存在较大差别；其次，实际测算过程中，对产品价格一般采用 FOB 到岸价格替代 CIF 离岸价格的做法，会使产品价格存在衡量偏误；最后，在对包含产品质量的最优化表达式进行回归时，该类做法需控制国家-年份固定效应，因而会导致测算的产品质量在跨国和跨年度意义上不可比较(余淼杰，张睿，2015)。

4. 利用需求和供给信息来反推产品质量法

由于利用需求信息反推产品质量法存在一定的缺陷，Feenstra & Romalis(2014)开始将供给方面因素纳入测算产品质量的框架中，形成了利用需求和供给信息来反推产品质量法。目前该类方法尚在发展中，相关文献较少。Feenstra & Romalis(2014)则同时使用了需求和供给信息来测算国家-产品分类的产品质量。余淼杰和张睿(2015)在 Feenstra & Romalis(2014)的基础上进行小幅度改进，并使用中国微观数据测算出口产品质量，进而可以用以分析异质性企业的产品质量。

利用需求和供给信息来反推产品质量法的优点是产品价格直接为 FOB 到岸价格，实际数据中直接有该指标，因此不存在产品价格测算误差。此外，由于该方法采用结构化系数进行估计，不需控制国家-年份固定效应，因此测算的产品质量在跨国和跨年度意义上可进行比较。但该类方法也有其缺点，就是对测算实际数据要求较高，可导致部分国家微观企业数据无法达到其要求。各种质量测算方法总结比较见表 2.1。

表 2.1 **质量测算方法比较**

	单位价值法	产品特征法	需求信息推断法	需求供给信息法
基本逻辑	产品价格高的产品质量也高	通过与产品质量相关的产品特征来评定其质量	价格相同的两个同类商品，销售量越多的商品其产品质量越高	价格相同的两个同类商品，由生产率较高的企业所产出的产品质量更高
理论模型设定方面	不涉及	不涉及	将产品质量引入消费者的间接效用函数，在需求方面假定代表性消费者更偏向更高产品质量的消费产品	同时考虑需求面和供给面，利用消费者和生产者最优化行为，推导出包含产品质量的表达式

续表

	单位价值法	产品特征法	需求信息推断法	需求供给信息法
实证测算过程	通过产品数量信息和销售额信息计算产品单价	通过行业质量评定体系或者专家评价	根据包含产品质量的消费者最优化表达式	根据包含产品质量的消费者和生产者的最优化表达式
使用信息	产品数量信息和销售额信息	企业和产品特征信息	需求信息	同时使用需求与供给信息
优点	简单，容易计算	可通过产品特征信息准确判定企业的产品质量	应用范围广，更为一般化，测算相对准确	消除了产品衡量误差；产品质量在跨国和跨年度意义上可比
缺点	忽略企业异质性、除产品质量外成本信息、企业竞争策略、加成率等信息对产品单价造成的影响	仅能评定特征性明显、差别性较大产品的产品质量，应用范围较小	忽略供给面因素；产品价格有衡量偏误；产品质量在跨国和跨年度意义上不可比	对测算数据要求较高
代表文献	Goldberg & Verboven(2001)；Crozet et al. (2011)；Chen & Juvenal (2016)	Goldberg & Verboven(2001)；Crozet et al. (2011)；Chen & Juvenal (2016)	Khandelwal(2010)；Khandelwal et al. (2013)；Hallak & Sivadasan(2013)	Feenstra & Romalis (2014)；余淼杰和张睿(2015)

(二)企业产品质量的影响因素

目前企业产品质量异质性已经成为继生产率异质性之后的又一国贸前沿问题，因此关于研究质量升级的文献较多。到目前为止国内外大量文献从不同视角研究影响企业产品质量的因素，因此该部分内容主要梳理除贸易自由化因素外有哪些因素影响企业产品质量的主要脉络。

Verhoogen(2008)基于墨西哥制造业企业数据研究汇率变动对工资不平等的影响时，发现汇率波动促进了发展中国家的产品质量，生产率高的企业会出口更高质量的出口产品。Chen & Juvenal(2016)和 Ludema & Yu(2016)均研究了汇率传递对企业产品质量的影响。Antoniades(2015)通过建立理论模型分析了生产率对产品质量的作用，研究发现生产率与产品质量之间不一定为简单线性关系，可呈现出非线性的关系。Bas & Strauss-Kahn(2015)发现高技术的企业和工人的人均收入水平会提升出口高质量产品。Manova & Zhang(2012)通过中国海关数据发现，出口目的地、中间品等对企业出口产品质量有重要影响。王永进和施炳展(2014)通过构建理论模型阐述了上游垄断影响企业产品质量选择的作用渠道，并澄清了其阻碍产品质量升级的条件。张杰(2015a)研究了政府补贴、市场竞争对出口产品质量的影响。张杰(2015b)从融资约束视角使用中国微观数据分析了中国出口产品质量升级问题，研究发现融资约束与企业出口之间并非简单线性关系，而是非线性的倒U关系。许和连(2016)研究发现最低工资标准和融资约束显著抑制了企业出口产品质量。除此之外，也有许多文献分析了出口产品质量对企业出口行为和市场表现的影响(Baldwin & Harrigan, 2011; Kugler & Verhoogen, 2011)。

(三)贸易自由化与企业产品质量

迄今为止，贸易自由化与产品质量在各自领域的研究日趋成熟，从贸易自由化视角对企业产品质量变动的研究也比较充分，但在异质性企业理论框架下该研究存在较大的提升空间。该部分主要从两方面梳理贸易自由化对企业产品质量升级的影响：贸易自由化方面和中间品贸易自由化方面。具体内容如下；

首先梳理从总体贸易自由化视角研究企业产品质量变动的文献，该类文献的共同点为未将贸易自由化细化为最终品贸易自由化和中间品贸易自由化。Hummels & Skiba(2004)通过建立理论模型，发现贸易成本是影响企业产品质量的重要变量，由于单位贸易成本占单位高质量产品价格比重较低，进而贸易成本会提高高质量产品的相对需求。Gervais(2015b)的理论模型发现贸易自由化影响企业的进口产品质量，会降低出口企业的总体平均产品质量。Amiti & Khandelwal(2013)使用美国贸易数据分析了贸易自由化与产品质量的非线性关系，发现进口关税对产品质量的影响取决于产品质量离世界质量前沿的距离。刘晓宁和刘磊(2015)通过中国微观数据探讨贸易自由化对中国企业产品质量的影响，研究发现贸易自由化对中国企业产品质量的影响取决于是否靠近世界质量前沿，贸易自由化显著促进了靠近世界质量前沿的企业的产品质量，降低了远低于世界质量前沿的企业的产品质量。殷德生(2011a，2011b)等通过建立理论模型和使用中国行业数据进行实证分析，发现贸易成本显著促进中国产品质量升级。余淼杰和李乐融(2016)与施炳展和张雅睿(2016)均发现贸易自由化对中国企业进口中间品的产品质量有显著促进作用。

到目前为止，关于中间品贸易自由化和企业出口产品质量的相关研究较少。Amiti & Konings(2007)基于印度尼西亚企业数据，发现中间品贸易自由化促进了印度尼西亚企业出口产品的质量。Fan et al.(2015c)通过构建理论模型与使用中国微观企业数据，同样验证了中间品贸易自由化促进企业出口产品质量的结论。Bas & Strauss-Kahn(2015)使用产品单价衡量产品质量，也得出中间品贸易自由化促进中国制造业企业出口质量的结论。这些文献均认为中间品关税与企业出口产品质量呈现简单线性关系。

四、贸易自由化与企业加成率

不完全竞争才是现实世界的最常见的市场结构，部分企业将具有一定的市场势力，甚至是强大的市场势力(例如苹果公司)，从而产生了产品价格与边际成本之间的偏离——加成率(钱学锋，范冬梅，2015)。由于加成率不可直接观测，因此国际贸易与产业组织理论均关注加成率的测算，其中Lerner(1934)最早提出统一衡量加成率的指标——泰勒指数，用来描述市场结构。随着关注企业异质性的新新贸易理论的兴起和发展，企业加成率近些年开始兴起，研究还处于起步阶段。加成率的形式分为固定加成率和可变加成率，并且从固定加成率转向可变加成率的研究过程也成为加成率研究发展的总体方向。下面主要介绍固定加成率和可变加成率。

固定加成率的理论设定以 Melitz(2003)为代表。Melitz(2003)将代表性消费者的间接效用设为不变替代弹性的 CES 形式，企业在垄断竞争下，根据企业的定价原则(MR=MC)，企业的产品价格设定为：

$$p(\varphi)=\frac{\sigma}{\sigma-1}\frac{1}{\varphi} \tag{2.12}$$

上式中 $1/\varphi$ 为企业的边际成本，表明企业的加成率为固定加成，具体为 $\sigma/(\sigma-1)$，但边际替代弹性 σ 不变时，企业的加成率不变，即加成率在此模型中为外生变量。

然而企业固定加成的设定忽略企业竞争策略等因素，该模型设定存在不合理之处，因此许多学者通过修改代表性消费者的间接效用设定，将加成率设为可变加成率形式(Melitz & Ottaviano，2008；Bernard et al.，2003；Antoniades，2015)。下面以 Melitz & Ottaviano(2008)为例介绍可变加成率理论模型，在该模型中代表性消费者的间接效用函数为：

$$U=q_0^c+\alpha\int_{i\in\Omega}q_i^c\mathrm{d}i-\frac{1}{2}\gamma\int_{i\in\Omega}(q_i^c)^2\mathrm{d}i-\frac{1}{2}\eta\left\{\int_{i\in\Omega}q_i^c\mathrm{d}i\right\}^2 \tag{2.13}$$

其中 q_0^c 和 q_i^c 分别代表消费者的同质化产品(计价商品)的消费量和差异化产品 i 的消费量；Ω 代表消费者所消费的差异化商品的集合，α、γ 和 η 均为大于零的参数。由该效用函数可推导出代表性消费者对差异化产品 i 的需求函数，具体为：

$$p_i=\alpha-\gamma q_i^c-\eta Q^c \tag{2.14}$$

其中 $Q^c=\int_{i\in\Omega}q_i^c\mathrm{d}i$，代表所有种类差异化商品的消费量总和。参数 α 和参数 η 代表相对于同质化商品代表性消费者对差异化商品的偏好程度。参数 α 越大和参数 η 越小，代表性消费者越偏好差异化商品。如果参数 γ 为零，则所有差异化商品的需求相同，差异化商品之间相互完全替代，即消费者只关心差异化商品的总数量 Q^c。因此参数 γ 越大，差异化商品之间的差异程度越大，参数 β 反映代表性消费者对差异化产品质量的偏好。在此需求方面的设定下，可求得加成率：

$$\mu(c)=\frac{1}{2}(c_D-c) \tag{2.15}$$

上式表明企业加成率受生产临界生产率 c_D 和边际成本 c 的影响，为可变加成率形式。

（一）企业加成率的测度

由于企业加成率不可直接观测，需采用适宜方法进行精确测算，实证文献才能对其进行实证分析。目前测算企业加成率的方法主要分为两类，具体介绍如下：

1. 会计方法

该种方法非常简单，使用财务信息中的企业增加值、中间投入合计和企业应付工资总额计算企业加成率。由于各国企业会计统计制度均有上述三个指标，会计法的可得性很强，有学者认为该方法能比生产函数法提供更多有用的信息，因此早期学者主要使用该方法测算企业的加成率。盛丹和王永进(2012)使用1999—2007年的中国工业企业数据库计算企业加成率，认为中国企业数据由于期限较短适合采用会计方法计算加成率。然而，正如Bresnahan(1989)所述，由于会计统计制度中对固定成本的记账方法存在多种，会对企业的利润造成影响，进而使企业利润与加成率之间在长时期内无法形成稳定的时间序列关系。除此之外，会计方法完全忽略了宏观经济政策、经济周期等外部冲击对企业增加值、中间投入合计和企业应付工资总额三个指标的影响，因此用该方法测算的企业加成率可能存在较大的误差。

2. 生产函数估计法

由于用会计方法测算企业加成率可能存在较大的测算误差，许多学者开始尝试采用生产函数估计企业的加成率（Edmond et al.，2015；De Loecker & Warzynski，2012；De Loecker et al.，2016）。Edmond et al.(2015)在Atkeson & Burstein(2008)的理论框架下进行拓展，得出企业加成率等于劳动的产出弹性除以劳动收入份额。该方法在实际测算中仅需要企业工资、劳动等产出弹性和企业增加值等指标，数据可得性强，因此被广泛应用。然而从方法也存在某些缺陷，主要集中在模型的假设条件过强，与现实差距较大，因而在某些情形下测算的企业加成率可能存在较大误差。

De Loecker & Warzynski(2012)借鉴估计全要素生产率的生产函数估计法，无需考虑企业的市场结构和需求结构，使用企业层面的价格和产出数据可直接测算企业加成率，在企业数据可得情形下更能准确估计企业的加成率。De Loecker et al. (2016)在 De Loecker & Warzynski(2012)的基础上，添加假定条件，将测算企业的加成率拓展到多产品企业层面，从而可以测算企业-产品层面的加成率。然而该类方法也存在较大的缺陷，即对数据质量要求较高，需要企业的产品数量和价格信息。目前各国的微观数据中，仅少数国家(美国、法国、哥伦比亚等国家)满足该方法的要求，因此该方法的应用范围较小。虽然中国微观数据并没有物理单位的企业产品数量信息，但 Lu et al. (2012)、刘啟仁和黄建忠(2015)通过行业价格指数和投入价格指数获得企业投入数量和产出数量的做法估计中国制造业企业加成率，也是数据接近该类方法要求时估计企业加成率的一种途径。

(二)企业加成率的影响因素

虽然企业加成率在新新贸易理论中刚刚兴起，但由于其重要性，目前已有大量文献从不同视角对企业加成率进行相关研究分析。该部分内容主要介绍除贸易自由化因素外有哪些因素影响企业加成率，简要总结如下：

首先，企业所在行业内在属性会对企业加成率具有影响，例如行业内的产品替代程度、市场竞争结构和产业集聚等因素。Atkeson & Burstein (2008)通过建立理论模型证实企业在其行业内的市场份额会影响行业内的产品替代弹性，进而影响企业的加成率，证实了行业内的产品替代弹性对企业加成率具有显著作用。Konings et al. (2005)研究发现市场竞争对企业加成率具有重要影响。Tybout(2003)也发现进口竞争越强烈，加成率越低。

经典理论文献 Melitz & Ottaviano(2008)发现贸易自由化通过竞争渠道作用于企业的加成率，表明市场竞争是影响企业加成率的重要因素。此外，Lu et al.(2012)研究发现产业集聚对企业加成率也具有重要影响。

其次，政府政策可改变企业的成本和收益函数，进而改变企业相关行为，因此某些政策会对企业加成率造成重要影响。Konings & Vandenbussche (2005)使用4000个欧盟涉及反倾销的企业数据分析企业加成率，研究发现反倾销提高了实施反倾销国的制造企业的加成率。刘啟仁和黄建忠(2016)使用2001—2007年中国制造业数据研究发现产品创新提升了中国企业加成率，进而中国实施的促进企业创新的政策将显著提高中国制造业企业的加成率。盛丹(2013)考察了不同竞争程度下国有企业改制对企业加成率的不同作用。任曙明和张静(2013)研究了补贴政策对中国装备制造企业加成率的影响。除此之外，还有很多政府政策对企业加成率形成重要影响，在此不再一一列举。

再次，企业的某些内在属性和行为将会对企业加成率形成重要影响。大量文献论证了企业生产率与企业加成率的关系，Melitz(2003)在CES形式效用函数假定下得到企业加成率，发现企业生产率不影响企业的加成率。然而Melitz(2003)中效用函数的假设排除不同生产率企业之间的市场竞争渠道对企业加成率影响。因此，Melitz & Ottaviano(2008)等大量学者通过放松CES形式效用函数假定将市场竞争引入理论模型后，发现生产率越高的企业加成率越高，大量实证文献也证实该结论(Arkolakis et al., 2015; Fan et al., 2015b; Liu & Ma, 2015)。与此同时，也有大量理论文献研究企业出口状态与企业生产率的关系(Melitz, 2003; Bernard et al., 2003; Melitz & Ottaviano, 2008)，基本结论为出口企业具有更高的生产率。实证中，许多文献发现出口企业具有更高的加成率(De Loecker & Warzynski, 2012; Bellone et al., 2008)。出口对生产率有促进作用，生产率高的企业拥有更高的加成率，进而容易联想到的是出口企业应该具有更高的加成率。Bellone et al.(2014)将产品质量与空间差异纳入 Melitz & Ottaviano(2008)模型，采用法国数据验证了加成率与生产率的正相关关系，并发现出口企业的加成率较高。其他大量实证文献也使用各个国家的微观企业数据验证了出口企业具有更高加成率的结论，然而盛丹和王永进（2012）使用会计方法、刘啟仁和黄建忠（2015）应用生产函数方法测算中国制造业企业加成率发现中国出口企业的加成率低于非出口企业，称之为“中国出口企业低加成率之谜”。部分文献从企业的产品属性分析加成率，从而出现了从产品质量视角研究企业加成率的许多文献，基本结论为生产高质量的产品往往具有较高的加成率（Hallak & Sivadasan，2009；Kugler & Verhoogen，2012）。

最后，根据加成率的定义，企业成本不仅仅包括生产成本，也包括运输成本、汇率变动成本、信息成本等贸易成本，这些成本的变动将会对企业加成率产生较大影响（钱学锋，范冬梅，2015）。Martin（2012）使用法国数据发现企业向地理距离越远的国家出口商品会设定更高的加成率。许家云和毛其淋（2016）与盛丹和刘竹青（2017）使用中国数据均发现汇率变动对中国制造业企业加成率具有显著影响。

（三）贸易自由化与企业加成率

上文已简要介绍了除贸易自由化因素外的因素对企业加成率的影响，下面将主要梳理本书的研究重点——贸易自由化对企业加成率的影响。总体而言，到目前为止从贸易自由化视角研究企业加成率的研究相对较少，从中间品贸易自由化视角研究企业加成率变动的文献更为稀少。文献梳理如下：

首先，本书分析贸易自由化对加成率的作用与哪些因素有关的文献。Konings et al.（2005）应用保加利亚企业数据和罗马尼亚企业数据的研究发现贸易开放对企业加成率具有重要影响，进口渗透率提高降低了具有较高市场集中度行业的加成率，提升了集中度较低的行业的加成率，表明贸易自由化对加成率的作用与市场结构紧密相关。Blonigen et al.（2007）使用美国钢铁产业数据区分了进口配额和关税削减对企业加成率的不同作用，研究发现进口配额对美国钢铁企业加成率具有显著作用，而关税削减对美国钢铁企业加成率无显著作用，表明不同类型的贸易自由化政策对加成率的作用不同。Noria(2013)使用1994—2003年的墨西哥企业数据研究北美自由贸易协定对墨西哥企业加成率的影响，研究发现贸易自由化对加成率的作用与行业的初始关税税率紧密相关。Behrens et al.(2015)通过建立区分可贸易部门和不可贸易部门的理论模型探讨贸易自由化对可贸易部门和不可贸易部门加成率的影响，得出贸易自由化将降低可贸易部门的加成率和提升不可贸易部门加成率的结论，表明贸易自由化对加成率的作用与行业是否可贸易紧密相关。Liu & Ma(2015)使用中国制造业企业数据，验证了中间品贸易自由化对进口企业和非进口企业加成率的差异化作用，以及中间品贸易自由化对企业加成率的作用与其行业市场结构紧密相关，表明中间品贸易自由化对加成率的作用与企业是否进口和其行业市场结构紧密相关。

其次，本书分析中间品贸易自由化影响企业加成率的成本渠道。降低进口中间品关税能使企业获得更低价格的进口投入要素(钱学锋，范冬梅，2015)，进而会降低企业的边际生产成本，此为“成本渠道”。由于企业边际生产成本不可观测，Fan et al.(2015b)通过建立理论模型定义企业的边际生产成本，并用2000—2006年中国制造业企业数据进行实证验证，证实了此渠道的正向作用。

再次，本书分析中间品贸易自由化影响企业加成率的竞争渠道——“促竞争正效应”。需要指出的是贸易自由化的“促竞争正效应”可分为两类：第一类为最终品关税削减引致的“促竞争正效应”，削减最终品关税将会使大量国外最终品进入国内市场从而导致国内市场竞争加剧，进而降低企业的加成率(Feenstra & Weinstein，2010；De Loecker et al.，2016)。Melitz & Ottaviano(2008)等文献已从理论上论证了该“促竞争效应”，实证上也有大量文献验证该影响渠道。Noria(2013)使用1994—2003年的墨西哥企业数据研究北美自由贸易协定对墨西哥企业加成率的影响，研究发现北美自由贸易协定对已开放5年的行业加成无显著作用，对开放10年的行业加成具有显著作用，表明该协定通过加剧市场竞争会促使企业设定更低的加成率。除此之外，还有多个文献验证了该“促竞争效应”（de Blas & Russ，2015；Feenstra & Weinstein，2010；Chen et al.，2009）。第二类为最终品关税削减引致的“促竞争效应”，即削减中间品关税将导致国内市场竞争加剧，进而降低企业的加成率（Fan et al.，2015b）。验证该类“促竞争效应”的文献非常少，Liu & Ma（2015）的研究目的为验证中间品贸易自由化对加成率的作用与企业所在行业市场结构紧密相关，并未想验证此“促竞争正效应”，但该文献发现代表市场结构的指标与中间品关税有交互作用实际上验证了该类“促竞争效应”的存在。

最后需要重点说明的是，目前研究贸易自由化影响企业加成率的文献多为最终品贸易自由化对企业加成率的影响。由于最终品与中间品对企业的影响不同，因此需将贸易自由化政策细分为最终品贸易自由化与中间品贸易自由化，到目前为止研究中间品贸易自由化对企业加成率影响的较少，需进一步进行更为深入的探讨与分析。

五、简要述评

综上所述，国际贸易关于企业生产技术选择、产品质量和加成率的研究文献为学术界解释企业行为与绩效提供了多重视角和重要结论。从贸易自由化视角分析以上三个方面的文献中，研究贸易自由化对企业生产选择或者生产技术升级的文献相对较少，尤其是从企业层面研究中间品贸易自由化对技术选择影响的文献更为稀少。从贸易自由化视角研究企业产品质量变动的文献较多，但在异质性企业理论框架下该主题的学术研究尚存在较大的提升空间。企业加成率作为异质性企业理论的前沿研究领域，目前国内外学界对它的相关研究较少，对影响企业加成率影响的因素分析少之又少，需进一步深入研究。除此之外，从贸易自由化视角分析以上三个方面的文献中，较少文献将贸易自由化明确区分为最终品贸易自由化和中间品贸易自由化。即使在研究中间品贸易自由化对企业生产技术选择、出口产品质量以及加成率影响的文献中，也缺少作用机制分析。因此，本书将尝试从企业微观视角着重研究中间品贸易自由化对中国制造业企业生产技术选择、出口产品质量以及加成率的影响效应及其作用机制，希望能对中国相关主题的模型构建、机理分析和实证分析做出些许贡献。

第三章
中间品贸易自由化与中国制造业企业生产技术选择

第一节 引 言

自2001年正式加入世界贸易组织，中国开始大范围逐步削减进口关税，并于2010年彻底实现关税削减承诺。一直以来以生产为导向的进口贸易政策使中国有选择地降低了关键零部件等中间品的进口关税水平，这无疑会对中国企业的生产行为产生重要影响。作为企业生产行为的核心内容，生产技术直接影响企业产品成本和质量，进而对企业供给侧起到至关重要的作用，因此党的十八大①与中央全面深化改革领导小组第十二次会议②将企业生产技术列为核心内容。经济增长的持续动力不是资本积累，更不是劳动力规模扩张，而是生产技术持续进步（Grossman & Helpman，1993；Romer，1990）。因此，本书以2001年中国入世的进口关税削减这一准自然实验为契机考察中间品贸易自由化对中国制造业企业生产技术选择的影响。更重要的是，本书以中间品贸易自由化为典型案例的量化研究

① 十八大报告指出："科技创新是提高社会生产力和综合国力的战略支撑，必须摆在国家发展全局的核心位置"。科技创新可以被分成三种类型：知识创新、技术创新和现代科技引领的管理创新，技术创新是科技创新的重要组成部分。

② 会议指出，在部分区域系统推进全面创新改革试验，是贯彻落实《中共中央、国务院关于深化体制机制改革加快实施创新驱动发展战略的若干意见》的重要举措，要紧扣创新驱动发展目标，以推动科技创新为核心。http：//www.gov.cn/xinwen/2015-05/05/content_2857332.htm.

不仅能厘清中间品贸易自由化对企业生产技术选择的影响及其作用机理，在实践中也可为未来宏观贸易政策调整提供翔实的数据支持与经验证据。

目前国内外学者关于贸易自由化对企业微观行为的研究主要侧重于贸易自由化对企业出口行为与绩效的影响。一些文献认为中间品贸易自由化能够提高企业的生产率(Amiti & Konings，2007；Luong，2011)、提升企业出口产品质量(Amiti & Khandelwal，2013；Bas & Strauss-Kahn，2015；Fan et al.，2015c)、增加企业加成率(Fan et al.，2015b)。研究生产技术的文献大多从行业层面进行剖析，主要从要素禀赋结构(覃成林，李超，2012)、贸易成本(刘晴，郑基超，2013)和环境规制(张成，等，2011)等视角展开分析，然而行业分析中“同质性企业”假定与现实经济存在一定程度的背离，无法分析同一行业的异质性企业对同一政策的差异化应对行为。少量文献尝试从企业层面分析生产技术，但大都采用全要素生产率分解(张成，等，2011)、技能型劳动密集度(刘杨，2009)和“资本劳动比偏离程度”(陈晓华，刘慧，2015)等方式衡量生产技术。迄今为止，贸易自由化与技术进步在各自领域的研究已趋于成熟，但将这两个重要的研究话题联系在一起的研究较少，尤其是从企业层面研究中间品贸易自由化对技术选择影响的文献更为稀少，因此本书尝试在此方面做出些许贡献。

Yeaple(2005)通过构建一般均衡模型得出了贸易自由化促进企业采用更高技术含量生产工艺的结论。刘杨(2009)将厂商的差异性引入理论模型并使用中国制造业上市公司数据分析，发现贸易自由化并非使所有出口厂商实现技术升级。Bustos(2011)通过构建两国的异质企业模型与使用阿根廷企业数据分析，认为贸易一体化促进出口企业升级，且仅促进中等生产率企业进行技术升级。然而，以上文献并未区分中间品贸易自由化与最终品贸易自由化对企业技术选择的影响。Bas & Berthou(2013)建立了纳入投入品的局部均衡模型，认为投入品贸易自由化并非促进全部企业的技术升级。他们采用印度企业数据得出投入品贸易自由化只促进中等生产率企业技术升级的结论，但未区分投入品贸易自由化对生产率不同的出口企业与非出口企业的不同作用。

那么，中国的中间品贸易自由化政策主要影响出口企业还是非出口企业的技术选择①，中间品贸易自由化对中国企业技术选择的影响是否具有特殊性？为此，本书将在前人的基础上建立理论模型，并使用中国2000—2006年高度细化的关税数据、海关数据和中国工业企业数据进行实证分析。本书可能的贡献主要有：第一，在前人理论基础上建立同时纳入异质性企业、中间品进口与生产技术选择的理论模型，不仅明确区分了中间品贸易自由化对出口企业与非出口企业之间技术选择促进作用不同，还预测出口企业内部由于生产率不同中间品贸易自由化对其生产技术水平作用呈现出较大的差异性；第二，本书是首篇系统阐述入世后中间品贸易自由化影响中国制造业出口企业生产技术选择的作用及其机理的文献，并且使用企业微观数据验证了理论模型的结论；第三，由于企业的生产技术不可观测，以往文献往往采用全要素生产率等方法存在较大的测量误差，而本书除采用资本劳动比外，还基于 Bas & Berthou(2013)方法建立两个代理变量②，通过详细的海关产品信息从企业生产技术设备视角直接识别企业是否应用高技术生产技术，可有效减少所有制等复杂因素对识别企业生产技术水平的干扰，因此可作为对中国此命题相关分析的补充研究。

本章余下内容的安排如下：第二部分为理论模型；第三部分是建立待检验的计量模型，并对变量选取和数据来源加以说明；第四部分利用中国制造业的相关数据对计量模型进行检验和分析；第五部分为稳健性检验；最后是本章小节。

第二节　理论模型

本章在 Melitz(2003)和 Bustos(2011)理论模型的基础上进行改进，构建同时纳入进口中间品、中间品关税与企业生产技术的理论模型，分析中

---

①　通过文献梳理，中间品贸易自由化政策对企业技术选择的影响对象有两类：出口企业和非出口企业。

②　进一步的说明请见下文计量模型的设定部分。

间品贸易自由化对企业生产技术选择的影响及其作用机理。模型具体设定如下：

一、国内需求和生产

（一）国内需求

代表性消费者的效用函数为常替代弹性（CES）效用函数：

$$U = \left[\int_{\omega \in \Omega} q(\omega)^{(\sigma-1)/\sigma} \mathrm{d}\omega \right]^{\sigma/(\sigma-1)} \tag{3.1}$$

其中 q 为消费商品的数量，ω 为差异性产品的种类，Ω 代表可获得的消费集，σ 代表产品之间的替代弹性。代表性消费者的总消费量为 Q，则总体价格指数 P 与差异化商品 ω 的消费量 $q(\omega)$ 的表达式分别为：

$$P = \left[\int_{\omega \in \Omega} p(\omega)^{1-\sigma} \mathrm{d}\omega \right]^{1/(1-\sigma)} \tag{3.2}$$

$$q(\omega) = Q\,[p(\omega)/P]^{-\sigma} \tag{3.3}$$

（二）国内生产

模型为两国模型，每个国家存在两个经济部门：中间品生产部门与最终品生产部门。中间品生产部门中唯一投入要素是劳动，生产同质性中间品，但各国之间生产的中间品不同，规模报酬不变，单位中间品产出需要一个数量的劳动投入，市场结构为完全竞争市场，因此国内中间品的价格为1。第二个部门使用中间品生产如同 Melitz（2003）所描述的连续差异化的最终产品，生产时须同时使用国内中间品与所有国外中间品。假定最终产品生产企业在中间品市场均是价格接受者，进口中间品时面临国内进口关税 τ_m。参照 Bas & Berthou（2013）将中间品引入生产，假定生产函数为常替代弹性的 CES 函数，具体为：

$$q_i(\varphi) = \varphi\,(x_{di}^{\alpha} + \gamma_i^{\alpha} x_{mi}^{\alpha})^{1/\alpha},\ i = (l,\ h) \tag{3.4}$$

其中，φ 代表企业的生产率，x_d 和 x_m 分别表示国内中间品和国外中间品，

γ_i 为企业 i 利用进口中间品的效率水平，代表企业的生产技术水平。l、h 分别表示低生产技术与高生产技术，假定 $\gamma_h > \gamma_l = 1$。企业采用的生产技术水平越高，企业面临的边际生产成本越低，即高生产技术企业的边际生产成本 c_h 低于低生产技术企业的边际生产成本 c_l，且相对边际生产成本 c_h/c_l 为中间品关税 τ_m 的增函数。证明如下：

在 CES 形式生产函数的假定下，企业的边际生产成本 c_i 为：

$$c_i = \left[1 + \left(\frac{1 + \tau_m}{\gamma_i}\right)^{\alpha/(\alpha-1)}\right]^{(\alpha-1)/\alpha} \tag{3.5}$$

上式说明企业的边际生产成本与其生产技术水平和中间品关税有关，企业的生产技术水平 γ_i 越高或者企业进口中间品的关税越低，企业的边际生产成本越低。由上式可得高技术生产企业的相对边际生产成本 c_h/c_l 的表达式：

$$\frac{c_h}{c_l} = \left[\frac{(1 + \tau_m)^{\alpha/(1-\alpha)} + 1}{(1 + \tau_m)^{\alpha/(1-\alpha)} + \gamma_h^{\alpha/(1-\alpha)}}\right]^{(1-\alpha)/\alpha} \tag{3.6}$$

将式(3.6)对进口中间品关税 τ_m 求导，可证明相对边际生产成本 c_h/c_l 为进口中间品关税 τ_m 的增函数，中间品贸易自由化将会降低高生产技术企业的相对边际生产成本 c_h/c_l。为描述此关系，在下文中将相对边际生产成本 c_h/c_l 统一记为 $\lambda(\tau_m)$。

如同 Bustos(2011)，根据企业的出口状态和生产技术水平，可将企业利润分为以下四种情况：

第 I 类企业的企业利润：仅服务国内市场并且使用低生产技术：

$$\pi_l^d(\varphi) = \frac{1}{\sigma} A c_l^{1-\sigma} \varphi^{\sigma-1} - f \tag{3.7}$$

第 II 类企业的企业利润：仅服务国内市场并且使用高生产技术

$$\pi_h^d(\varphi) = \frac{1}{\sigma} A c_l^{1-\sigma} \varphi^{\sigma-1} [\lambda(\tau_m)]^{1-\sigma} - f - f_h \tag{3.8}$$

第 III 类企业的企业利润：同时服务国内市场与国际市场且采用低生产技术：

$$\pi_l^x(\varphi) = [1 + (1 + \tau_x)^{1-\sigma}]\frac{1}{\sigma}Ac_l^{1-\sigma}\varphi^{\sigma-1} - f - f_x \tag{3.9}$$

第IV类企业的企业利润：同时服务国内市场与国际市场且采用高生产技术：

$$\pi_h^x(\varphi) = [1 + (1 + \tau_x)^{1-\sigma}]\frac{1}{\sigma}Ac_l^{1-\sigma}\varphi^{\sigma-1}[\lambda(\tau_m)]^{1-\sigma} - f - f_h - f_x \tag{3.10}$$

其中，$A = P^{\sigma-1}R[(\sigma-1)/\sigma]^{\sigma-1}$①，$\tau_x$ 为本国的出口关税，f 为企业生产的固定成本，f_x 为企业出口时须承担的固定成本，f_h 为企业由低生产技术升级到高生产技术时需额外支付的固定成本。

假定采用高生产技术的企业为出口企业②，可得到图3.1的情形。

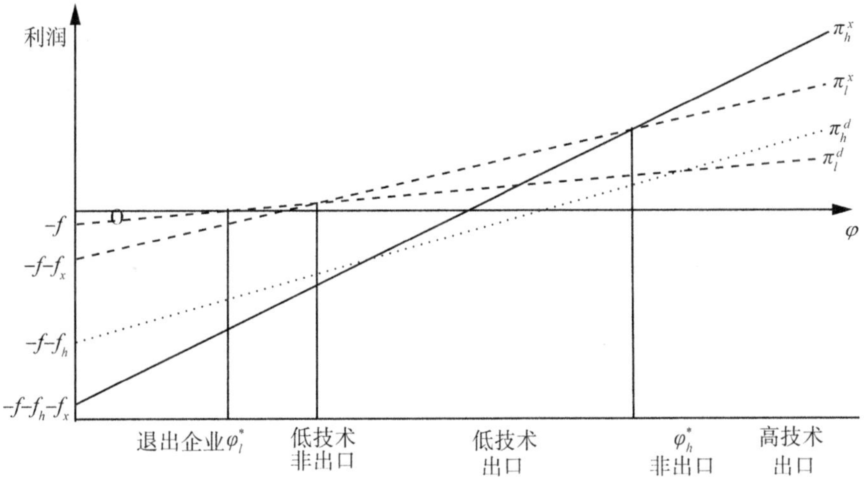

图3.1　企业出口与技术选择③

① $R = PQ$，为代表性消费者的总支出。

② 此假设由数据决定，在实证分析中将给予验证。

③ 在Bustos(2011)论文图一的基础上修改得到。

如图3.1所示，生产率低于 φ_l^* 的企业将退出本国市场，低生产率企业($\varphi_l^* < \varphi < \varphi_x^*$)使用低生产技术但不出口，中等生产率企业($\varphi_x^* < \varphi < \varphi_h^*$)使用低生产技术并且出口，高生产率企业($\varphi > \varphi_h^*$)使用高生产技术并且出口①。

二、企业决策

(一) 进入退出国内市场的决策

进入退出国内市场决策由仅服务国内市场并且使用低生产技术的企业决定，其选择是否退出国内市场的临界条件为企业利润为零，即：

$$\pi_l^d(\varphi_l^*) = \frac{A}{\sigma}c_l^{1-\sigma}(\varphi_l^*)^{\sigma-1} - f = 0 \tag{3.11}$$

(二) 是否出口国际市场的决策

企业选择是否出口国际市场的临界条件为出口与不出口时利润相同，即 $\pi_l^d(\varphi) = \pi_l^x(\varphi)$，进而可得到出口临界生产率 φ_x^*。

(三) 是否采用高生产技术的决策

只有生产率足够时企业才会应用高生产技术，应用高生产技术的临界条件为企业选择高生产技术的利润与选择低生产技术的利润相同，即 $\pi_h^x(\varphi_h^*) = \pi_l^x(\varphi_h^*)$，可得下式：

$$r_h^x(\varphi_h^*) - r_l^x(\varphi_h^*) = \sigma f_h \tag{3.12}$$

上式中 r 代表企业的收益，通过整理式(3.11)与式(3.12)可得到高技术临界生产率 φ_h^* 的表达式：

$$\varphi_h^* = \varphi_l^*(f/f_h)^{1/(1-\sigma)}\{[\lambda(\tau_m)]^{1-\sigma} - 1\}^{1/(1-\sigma)}[1 + (1+\tau_x)^{1-\sigma}]^{1/(1-\sigma)} \tag{3.13}$$

① 详细讨论见 Bustos(2011) 论文。

上式需满足条件$(f/f_h)^{1/(1-\sigma)}\{[\lambda(\tau_m)]^{1-\sigma}-1\}^{1/(1-\sigma)}[1+(1+\tau_x)^{1-\sigma}]^{1/(1-\sigma)}>1$，以保证$\varphi_h^*>\varphi_l^*$。由于相对边际生产成本$c_h/c_l$为中间品关税$\tau_m$的增函数，因此中间品关税可通过相对边际生产成本直接影响高技术临界生产率。与此同时，中间品关税也通过影响生产临界生产率φ_l^*间接影响高技术临界生产率，需通过市场均衡求得生产临界生产率的具体表达式。

三、市场均衡

假定生产率服从帕累托分布，概率密度函数为$g(\varphi)=k\varphi_{\min}^k/(\varphi^{k+1})$，累计分布函数为$G(\varphi)$。企业的自由进出条件$(FE)$与零利润条件$(ZCP)$分别为：

$$\bar{\pi}=\frac{\delta f_e}{1-G(\varphi_l^*)}=\left(\frac{\varphi_l^*}{\varphi_{\min}}\right)\delta f_e \tag{3.14}$$

$$\bar{\pi}=\rho_{l1}\pi_l^d(\overline{\varphi_{l1}})+\rho_{l2}\pi_l^x(\overline{\varphi_{l2}})+\rho_h\pi_h^x(\overline{\varphi_h}) \tag{3.15}$$

其中δ表示折旧率，f_e为企业进入国内市场时支付的固定成本。企业采用高生产技术的概率$\rho_h=[1-G(\varphi_h^*)]/[1-G(\varphi_l^*)]$；$\rho_{l1}$为I类型企业的概率；$\rho_{l2}$为III类型企业的概率。$\pi_l^d(\overline{\varphi_{l1}})$、$\pi_l^x(\overline{\varphi_{l2}})$和$\pi_h^x(\overline{\varphi_h})$分别代表第I类企业、第III类企业和第IV类企业的平均利润。通过联立式(3.14)与式(3.15)可得到生产临界生产率φ_l^*的表达式。再将生产临界生产率φ_l^*的表达式代入(3.13)式，可得到高技术临界生产率φ_h^*与中间品关税τ_m的关系式。

通过以上表达式，可证明高技术临界生产率φ_h^*随着中间品关税的降低而降低，即$\partial\varphi_h^*/\partial\tau_m>0$；生产临界生产率$\varphi_l^*$随中间品关税的降低而升高，即$\partial\varphi_l^*/\partial\tau_m<0$，进而可得到中间品贸易自由化前后的对比情况，具体情形见图3.2。

如图3.2所示，在中间品关税降低后，应用高技术临界生产率水平φ_h^*降低至$\varphi_h^{*\prime}$，生产率位于$\varphi_h^{*\prime}$与φ_h^*之间的企业将由低生产技术升级到高生产技术，从而实现技术升级。

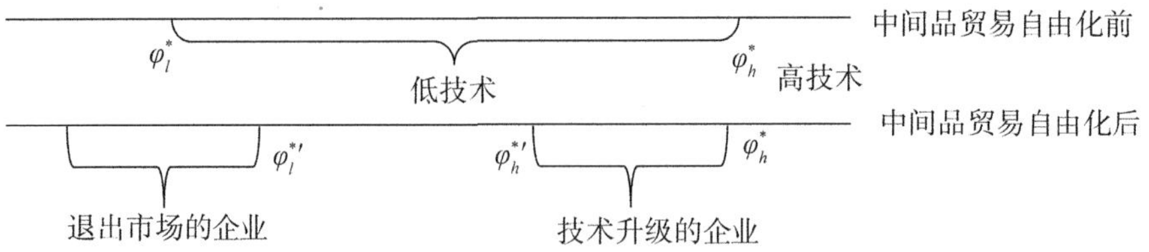

图 3.2　中间品贸易自由化前后对比①

通过以上分析，可得到本章理论模型的命题。

命题：中间品贸易自由化将促进出口企业应用高生产技术，且该促进作用取决于企业自身的初始生产率，仅中等生产率的出口企业进行技术升级。

第三节　计量模型、度量指标和数据说明

一、计量模型的设定

为检验入世后中间品贸易自由化是否促进中国制造业出口企业技术升级，本章根据前述理论模型建立如下实证模型：

$$Y_{it} = \alpha + \beta_1 \text{intertariff}_{it-1} + Z_{i,\ t} + \nu_j + \nu_p + \nu_t + \varepsilon_{it} \tag{3.16}$$

其中，下标 i、j 和 t 分别代表企业、行业与年份，Y_{it} 为企业 i 在 t 年的生产技术水平，intertariff 为企业的中间品关税；v_j、v_p 和 v_t 反映产业(两位码)、省份(两位码) 和年份对企业生产技术的影响，ε_{it} 为随机干扰项。控制变量 Z 包括企业规模、企业年限、上年度企业的生产技术水平、企业加权最终品关税与赫芬达尔指数。

为检验入世后中间品贸易自由化对中国制造业出口企业技术的促进作用是否取决于企业的初始生产率水平，本章根据企业在 2002 年的全要素生

① 本图引自 Bas & Berthou(2013)。

产率将企业等分为 5 组，检验中间品贸易自由化对初始生产率不同的企业生产技术的差异化作用。模型设定如下：

$$Y_{it} = \alpha + \sum_{\rho=1}^{5} \beta^{\rho} \text{intertariff}_{it} \times Q_i^{\rho} + \sum_{\rho=2}^{5} \gamma^{\rho} Q_i^{\rho} + Z_{i,t} + \nu_j + \nu_p + \nu_t + \varepsilon_{it} \tag{3.17}$$

其中 ρ 为企业 i 的组别，Q 是按照企业生产率分组生成的组别虚拟变量，交互项由企业加权中间品关税与组别虚拟变量相乘得到。根据此交互项参数的显著性和系数大小可判别中间品关税减让是否影响各组别的企业生产技术选择以及影响程度。

需要指出的是，当企业的生产技术水平代理变量为虚拟变量(firm_cap1 与 firm_cap2)时，应用的计量模型为非线性 probit 模型；当企业的生产技术水平代理变量为资本劳动比时，应用的计量模型为固定效应模型。

二、指标说明

(一)企业生产技术的代理变量

由于中国工业企业数据库中并无直接衡量企业生产技术水平的指标，本章将采用多种代理变量间接反映企业生产技术水平，具体说明如下：

Bas & Berthou(2013)采用是否进口资本品虚拟变量衡量企业生产技术，本章稍做修改，得到代理变量 1 和代理变量 2：

1. 代理变量 1(firm_cap1)：参照 Bas & Berthou(2013)做法①，在 2000—2006 年期间，在企业第一次进口资本品前，代理变量 firm_cap1 的取值为 0；当企业第一次进口资本品时，代理变量 firm_cap1 的取值为 1；在企业第一次进口资本品后，之后年份的企业代理变量 firm_cap1 均取值为 1。

① 采用当年是否进口资本品的虚拟变量作为企业生产技术水平的代理变量。

2. 代理变量 2(firm_cap2)：与代理变量 1 标准选用不同，本章将代理变量 2 的标准设定为进口资本品总额是否高于 1000 美元，以减少由于少量资本品进口对代理变量有效性的干扰。

本章选用与进口资本品相关指标作为企业生产技术代理变量的主要依据：国外资本品在技术水平和质量上具有显著优势，中国制造业企业对进口设备等高技术产品存在依赖性。资本品主要为企业用于生产的机器设备等耐用品，在企业会计信息中为固定资产，与非资本品相比，资本品内含的技术含量更高，是国际贸易中承载技术扩散的重要媒介(Xu & Wang, 1999)。Eaton & Kortum(2002)和 Mutreja(2014)通过研究发现全球大多数资本品的生产集中在少数研发密集的国家，这些国家是资本品的出口国，而其他国家(包括中国)则进口资本品。因此，我们有理由相信采用高生产技术的中国制造业企业更可能进口资本品。此外，通过特征事实分析，本章发现进口资本品企业的劳动生产率和全要素生产率均高于没有进口资本品企业的劳动生产率和全要素生产率，而且企业进口资本品的行为并未呈现较大的行业差异性①。另外，通过回归分析发现企业在进口资本品后，劳动生产率与全要素生产率得到了较大提高，也支撑本章代理变量的合理性。

3. 代理变量 3——资本劳动比(KL)：由于生产技术与劳动之间存在一定的替代，同一行业内高生产技术的企业往往表现出更高的资本劳动比，因此本章也选取资本劳动比指标作为企业生产技术的代理变量。

(二)中间品贸易自由化指标

现有文献通常将行业中间品关税作为企业的中间品关税，这存在一定的测量误差，且不能反映同一行业中异质性企业的中间品关税差异。因此，本章参照近期文献(Bas & Strauss-Kahn, 2015；田巍，余淼杰，2013)

① 虽然企业进口资本品的行为呈现一定的行业异质性，但是差异不是很大，其中劳动密集型、资源密集型和资本密集型企业进口资本品的比例分别为 23%、29% 和 35%，只是技术密集型企业的比例比较高，达 49%。

的做法，计算企业层面的加权平均关税，从而能够更好地反映贸易自由化对异质性企业进口成本的影响，具体计算公式为：

$$\text{intertariff}_{it} = \sum \theta_{ict} \text{intertariff}_{ct} \tag{3.18}$$

其中 intertariff_{it} 表示企业 i 在 t 年进口中间品（HS 六位码）的关税，intertariff_{ct} 表示在 t 年通过一般贸易方式进口的中间品 c 的进口税率①，是产品层面的进口税率，θ_{ict} 为 t 年产品 c 的进口额占企业 i 的中间品进口总额的份额。

（三）企业加权最终品关税

企业最终品关税反映由于最终品关税水平变动引致的来自国外厂商的竞争程度。其计算公式为 $\text{contariff}_{it} = \sum \theta_{ict} \text{contariff}_{ft}$，$\text{contarifff}_{ft}$ 表示 t 年进口最终品 f 的进口税率，θ_{ict} 为 t 年产品 f 的进口额占企业 i 的最终品进口总额的份额。企业最终品关税越低，代表来自国外厂商的竞争程度越高。

（四）全要素生产率

目前测度企业全要素生产率的主要方法有 OLS、OP、LP 和 GMM 等方法。OLS 方法同时存在内生性偏差和样本选择性偏差问题；OP 方法较好地处理了变量相互决定所引起的内生性偏差和样本选择偏差问题（Olley & Pakes，1996），但样本量损失较多，LP 方法则有效解决了数据损失问题（Levinsohn & Petrin，2003）；GMM 方法避免了内生性带来的困扰（鲁晓东，连玉君，2012）。本章将选取 OP 方法与 LP 方法分别估算中国制造业企业的全要素生产率。在估计企业生产率过程中，本章用各企业从业人员年平均人数衡量劳动投入，分别用工业增加值和固定资产年平均值来衡量企业的产出与资本投入，并用 Brandt et al.（2012）提供的以 1998 年为基期的平

---

① 中国企业进口模式分为一般贸易进口和加工贸易进口，加工贸易通常指来料加工和进料加工，前者是完全免征关税，后者则是“先征后退”，因此企业无需支付通过加工贸易方式进口的中间品关税。

减指数进行调整。

(五)企业规模

新贸易理论强调了规模经济对国际贸易模式与企业地理分布的影响，同时新新贸易理论也认为企业规模是企业异质性的重要来源，对企业行为具有重要影响。Swamidass & Kotha(1998)利用美国工业企业数据研究了企业规模、企业高生产技术与企业市场表现之间的关系，Lee(2009)通过研究也发现企业规模对企业技术选择具有重要影响，因此本章需要控制企业规模对企业技术选择的影响。企业规模越大，相同的升级生产技术需支付的固定成本占其总成本的比重越低，因此预期企业规模的估计系数为正值。本章采用企业雇用劳动人员的对数来衡量企业的规模。

(六)企业年限

依据企业的生命周期理论，在发展初期随着企业年限的增长，企业的营业额与利润不断增长，企业年限越长也意味着生产设备等硬件设备可能会出现老化，越有可能更换先进生产设备采用先进生产技术(毛其淋，盛斌，2013)，从此视角分析可推测年限越长的企业越有可能采用先进生产技术。然而随着企业的年限的增长，当企业进入衰退期时，企业年限增大反而会限制企业更新生产技术。在实证研究中，Bas & Berthou(2013)也发现企业年限对企业技术选择具有重要的影响。本章中企业年限等于当年年份与企业成立年份之差再加1。

(七)赫芬达尔指数

赫芬达尔指数的计算公式为 $HHI_{jt} = \sum_{i\in j}(sale_{it}/sale_{jt})^2 = \sum_{i\in j}(S_{it})^2$，其中 $sale_{it}$ 代表 i 企业 t 年的营业额，$sale_{jt}$ 代表两位码行业 j 在 t 年的总营业额，S_{it} 表示企业 i 在 j 行业 t 年的市场占有率。赫芬达尔指数越高，表明市场集中度越高。

三、数据说明

本章使用的企业信息来自2000—2006年中国工业企业数据库。中国工业企业数据库是由中国国家统计局负责统计的年度微观企业数据集，该数据主要统计两种类型的企业：第一种类型企业是中国全部的国有工业企业；另一企业类型为企业规模在500万元以上的私有工业企业，即规模以上的非国有工业企业，统计基本单位为企业法人。该数据库包括关于企业财务的100多个财务指标，包含企业的大量财务信息。该数据库有统计期限较长、财务指标多和大样本等优点，因此目前学术界已大量使用该数据库做学术研究。然而中国工业企业数据库的原始数据存在一些问题，例如指标缺失、指标值存在大量异常值等，数据质量不满足学术研究的要求，因此需对中国工业企业数据库原始数据进行适当处理。借鉴Cai & Liu (2009)和谢千里等(2008)的做法，本章根据相关会计准则做以下处理剔除企业观测值：(1)当企业雇用人数缺失或者雇用人数小于10人时；(2)企业流动资产高于企业总资产时；(3)企业固定资产高于企业总资产时；(4)企业当期折旧高于历年累计折旧时；(5)企业的工业总产值为负时；(6)企业年份缺失或者成立年份早于记录年份时。由于中国统计局在2003年调整了中国国民经济行业分类和代码，导致中国工业企业在样本统计期间产业代码不一致，因此本章使用Brandt et al. (2012)提供的产业对照表统一为四位产业的代码。除此之外，由于名义变量在不同时间不可比，本章使用Brandt et al. (2012)中的两位代码的产业平减指数进行调整。

本章计算企业加权中间品关税需使用2000—2006年的中国海关数据库。该数据库为中国海关统计的月度数据，统一了企业进出口时的HS八位代码、贸易方式、进口国或出口目的国等信息。由于本章计算企业加权中间品关税时仅保留一般贸易方式出口的观察值，并且需剔除贸易中间商，因此本章需做以下处理：(1)仅保留进口观测值；(2)由于中间贸易商的商品并非企业自身生产，所以参照Ahn et al. (2011)的做法，根据企业名称中是否包含“进出口”“贸易”“外贸”“外经”“经贸”“工贸”和“科贸”关键字判断企业是否为中间商，剔除包含以上关键字的样本观测值；(3)由于不同年份的中国海关 HS 版本不同，本章将产品代码统一为 HS1996 版本的代码。

为使中国工业企业获得从中国海关数据库计算的中间品关税指标，需将中国工业企业数据库和中国海关数据库进行有效匹配。参照田巍和余淼杰(2013)的匹配方法，本章使用企业名称和“邮政编码+电话号码后 7 位”两匹配字段匹配两库。匹配时本章做出了一些适当处理(例如剔除企业名称中的省、市、县等字)，所以本章匹配效果较好。

本章高度细化的关税数据来自 WTO 的 Tariff Download Facility 数据库。该数据库统计了关于中国 HS 六位码的关税税率等信息。由于 HS 码版本在 2002 年发生变化，本章将所有年份的 HS 码统一到较为粗糙的 HS1996 版本。为在进口产品中遴选出中间品，本章根据联合国网站提供的对照表将代码为 111、121、21、22、31、322、42 和 53 的产品类别归为中间产品。

第四节　实证分析

一、中间品贸易自由化对中国制造业企业技术选择的影响

(一)按照出口状态分析

本章理论模型中假定高技术临界生产率高于企业临界出口生产率，在此假设下中间品贸易自由化将只促进出口企业技术升级。为验证此关键假设的合理性，笔者根据出口交货值将企业划分为非出口企业样本与出口企业样本，并分别应用式(3.16)进行实证分析。所有模型控制了时间、产业与地区的影响。其中，第(1)和第(2)列的因变量为代理变量 firm_cap1，第(3)和第(4)列的因变量为代理变量 firm_cap2，第(5)和第(6)列的因变量为代理变量资本劳动比 KL，第(1)、第(3)和第(5)列的样本为非出口企业，第(2)、第(4)和第(6)列的样本为出口企业。表 3.1 列出了估计结果。

本章主要关注的是企业加权中间品关税的估计系数。对于非出口企业样本，使用不同代理变量的模型(1)、模型(3)与模型(5)中的企业加权中间品关税的系数均为正值，且不显著，未发现中间品贸易自由化促进中国制造业非出口企业应用高生产技术的证据，此结果与 Bas & Berthou(2013)中间品贸易自由化促进全部企业(包括非出口企业)应用高生产技术的结论相悖。对于出口企业样本，使用不同代理变量的模型(2)、模型(4)与模型(6)中的企业加权中间品关税的系数均为负值，且前两个模型的系数显著为负，表明中间品贸易自由化显著促进了中国制造业出口企业采用高生产技术，这与 Bustos(2011)贸易一体化促进出口企业技术升级的结论一致。

控制变量方面：企业最终品关税的系数均显著为正，表明来自国外同类企业的竞争会减少企业的利润，从而降低中国制造业企业使用高生产技术的概率；赫芬达尔指数的系数有正有负，无法确定国内市场结构对企业技术选择的影响；企业规模的系数均显著为正，表明规模越大的企业越可能应用高生产技术，此结论与常识相符；企业年限的系数多显著为负，表明经营年限越长越有可能抑制企业采用高生产技术，经营年限长的企业可能市场竞争力较强，没有强动力进行技术升级，也可能是企业进入衰退期①，从而限制企业更新生产技术。另外，新企业采用更为先进的生产设备(张杰等，2011)可能也是其中的原因之一。

(二)按照要素密集度分类分析

企业的生产技术往往与企业生产的产品属性及所处行业有关，那么中间品贸易自由化对中国制造业出口企业生产技术的促进作用是否会因产品属性与行业属性不同而不同呢？为此，本章参照袁其刚等(2015)的分类方法，根据要素密集度将出口企业划分为劳动密集型、资本密集型、资源密集型与技术密集型四种类型，分别进行实证分析。

① 根据 2013 年国家工商总局发布的《全国内资企业生存时间分析报告》，2000—2012 年 49.4%的企业生存时间在 5 年以下。

表 3.1 **基准结果**

因变量	(1)	(2)	(3)	(4)	(5)	(6)
	firm_cap1	firm_cap1	firm_cap2	firm_cap2	KL	KL
样本	非出口企业	出口企业	非出口企业	出口企业	非出口企业	出口企业
中间品关税	0.003	-0.007***	0.003	-0.007***	0.003	-0.001
	(0.003)	(0.002)	(0.003)	(0.002)	(0.002)	(0.001)
赫芬达尔指数	-3.605	3.113*	-3.963*	2.749*	0.106	-0.466
	(2.205)	(1.594)	(2.303)	(1.556)	(0.956)	(0.301)
最终品关税	0.014***	0.013***	0.011***	0.013***	0.006***	0.001***
	(0.003)	(0.002)	(0.003)	(0.002)	(0.002)	(0.000)
企业年限	-0.006*	-0.005***	-0.004	-0.003*	-0.001	-0.002***
	(0.003)	(0.002)	(0.003)	(0.001)	(0.002)	(0.001)
企业规模	0.149***	0.145***	0.164***	0.143***	0.043***	0.648***
	(0.022)	(0.013)	(0.022)	(0.012)	(0.012)	(0.009)
时间效应	是	是	是	是	是	是
产业效应	是	是	是	是	是	是
地区效应	是	是	是	是	是	是
观测值	5068	13880	5440	15711	9666	32926

注：***、**、*、分别表示在1%、5%和10%的水平下具有显著性，括号中数据为异方差稳健标准误。下表同。

结果表明，入世后中国实施的中间品贸易自由化政策对出口企业生产技术选择的影响与企业的要素密集程度有关。资源密集型出口企业中的企业加权中间品关税的估计系数为正，且不显著，原因可能为此类型企业的样本量较小，误差较大导致；其余类型企业的企业加权中间品关税的系数均在1%的水平上显著，且为负值，表明中间品贸易自由化促进该三种类型的企业应用高生产技术。此外，从系数绝对值的大小分析，中间品贸易自由化对劳动密集型出口企业的促进作用强度最低，对资本密集型出口企业的促进作用强度次之，对技术密集型出口企业的促进强度最强，此结论与预期相符。

二、中间品贸易自由化对出口企业的差异性作用

上文已验证中间品贸易自由化促进中国制造业出口企业采用高生产技术，本部分将验证中间品贸易自由化的促进作用取决于企业的初始生产率水平。为验证此命题，这里应用公式(3.17)对中国制造业出口企业进行分析①，结果如表3.2所示。

表3.2　　差异性作用的估计结果

因变量	(1)	(2)	(3)	(4)	(5)	(6)
	firm_cap1	firm_cap1	firm_cap2	firm_cap2	KL	KL
第一分组	-0.006	-0.008	-0.007	-0.009	0.002	0.002
	(0.006)	(0.006)	(0.006)	(0.006)	(0.002)	(0.002)
第二分组	-0.009*	-0.012**	-0.005	-0.006	0.000	0.001
	(0.005)	(0.005)	(0.005)	(0.004)	(0.001)	(0.001)
第三分组	-0.012**	-0.012***	-0.016***	-0.016***	-0.002	-0.002
	(0.005)	(0.005)	(0.006)	(0.006)	(0.002)	(0.001)
第四分组	-0.002	-0.003	0.002	0.001	-0.003**	-0.003***
	(0.005)	(0.005)	(0.005)	(0.005)	(0.001)	(0.001)
第五分组	-0.008	-0.007	-0.008	-0.007	0.002	-0.001
	(0.006)	(0.006)	(0.007)	(0.006)	(0.002)	(0.001)
控制变量	否	是	否	是	否	是
时间效应	是	是	是	是	是	是

① 依据OP方法计算的2002年的企业生产率将全部年份的出口企业等分为五组，使出口企业获得唯一的分组，其中第一组为生产率最低的组别，第五组为生产率最高的组别。非出口企业的分组也是如此。

续表

因变量	(1)	(2)	(3)	(4)	(5)	(6)
	firm_cap1	firm_cap1	firm_cap2	firm_cap2	KL	KL
产业效应	是	是	是	是	是	是
地区效应	是	是	是	是	是	是
观测值①	8412	8412	9628	9628	22381	22381

不难发现，无论是否加入控制变量，使用不同代理变量的实证模型中生产率处于产业中端的企业加权中间品关税的估计系数显著为负，生产率处于分组两端的估计系数不显著，表明中间品贸易自由化仅促进生产率处于产业中端的中国制造业出口企业进行技术升级，与本章的理论预测吻合，也与 Bustos(2011)贸易自由化仅促进中等生产率出口企业技术升级的结论一致。

第五节　稳健性分析

为检验上述实证结果的可信性，本节将使用多种方式进行稳健性分析。

一、分组检验中间品贸易自由化对中国制造业非出口企业生产技术的影响

将非出口企业细分为不同组别，进一步验证入世后中间品贸易自由化未显著促进中国制造业非出口企业采用高生产技术。实证结果如表 3.3 所示。

① 企业的分组是按照 2002 年企业的初始生产率进行划分的，导致没有在 2002 年存活的企业就没有分组的变量，从而使得样本量大幅减少；另外，也有不少企业由于缺少相关变量等原因无法估算全要素生产率，从而也使得样本量减少。

表 3.3 对非出口企业分组分析的稳健性估计结果

因变量	(1)	(2)	(3)	(4)	(5)	(6)
	firm_cap1	firm_cap1	firm_cap2	firm_cap2	KL	KL
第一分组	-0.002	-0.003	0.002	-0.002	0.002	0.005*
	(0.005)	(0.006)	(0.008)	(0.008)	(0.003)	(0.003)
第二分组	0.003	0.001	-0.001	-0.002	0.002	0.002
	(0.006)	(0.007)	(0.007)	(0.007)	(0.004)	(0.003)
第三分组	0.010	0.007	0.008	0.008	-0.001	-0.003
	(0.008)	(0.007)	(0.007)	(0.007)	(0.002)	(0.002)
第四分组	0.013***	0.013***	0.010*	0.008	-0.000	-0.002
	(0.005)	(0.005)	(0.006)	(0.006)	(0.003)	(0.002)
第五分组	-0.008	-0.009	0.011*	0.009	-0.002	-0.003
	(0.007)	(0.008)	(0.006)	(0.006)	(0.002)	(0.002)
控制变量	否	是	否	是	否	是
年份效应	是	是	是	是	是	是
产业效应	是	是	是	是	是	是
地区效应	是	是	是	是	是	是
观测值	2648	2648	3164	3164	7396	7396

通过表 3.3 可知，对中国制造业非出口企业的分组分析中，无论是否添加了控制变量，使用多种代理变量的实证结果中企业加权中间品关税的估计系数绝大部分不显著，仅有一小部分系数显著，但显著为正值，所有系数均未显著为负值，未发现入世后中间品贸易自由化显著促进不同生产率的非出口企业应用高生产技术的证据，稳健支撑了表 3.1 的结果。

二、不同的贸易自由化指标

为避免企业中间品关税测算对实证结果的影响，本节采用非加权企业中间品关税对分组企业重新进行分析，结果见表 3.4。

在表3.4中，第(1)至第(3)列为采用非加权企业中间品关税的实证结果，与表3.2应用加权企业中间品关税的实证结果基本相同，即生产率处于产业中端的企业的中间品关税估计系数显著为负，生产率处于产业两端的企业估计系数均不显著，稳健地支撑了采用企业加权中间品关税的实证结果，也验证了本章理论模型的预期。

表3.4 **不同的贸易自由化指标与不同企业分组的稳健性估计结果**

因变量	(1)	(2)	(3)	(4)	(5)
	firm_cap1	firm_cap2	KL	firm_cap1	firm_cap2
样本	出口企业	出口企业	出口企业	出口企业	出口企业
第一分组	-0.009	-0.009	-0.000	-0.002	-0.005
	(0.007)	(0.007)	(0.002)	(0.006)	(0.006)
第二分组	-0.012*	-0.016**	-0.002	-0.019***	-0.018***
	(0.007)	(0.007)	(0.002)	(0.005)	(0.006)
第三分组	-0.010*	-0.007	-0.000	-0.015***	-0.015***
	(0.005)	(0.005)	(0.001)	(0.006)	(0.006)
第四分组	-0.010	-0.005	-0.004**	0.011**	-0.009*
	(0.006)	(0.006)	(0.002)	(0.005)	(0.005)
第五分组	-0.001	0.008	-0.002	-0.001	0.003
	(0.007)	(0.007)	(0.002)	(0.004)	(0.004)
控制变量	是	是	是	是	是
年份效应	是	是	是	是	是
产业效应	是	是	是	是	是
地区效应	是	是	是	是	是
观测值	6875	7836	18982	8190	9349

三、不同的企业分组

上文对出口企业分析时采用 OP 方法估算企业的全要素生产率，测算误差可能导致企业被错误分组，进而影响差异化作用的实证结果。为排除生产率估算误差对实证结论的干扰，笔者采用 LP 方法重新估算企业的全要素生产率，对企业重新分组并进行实证分析，结果见表 3.4 的第(4)列与第(5)列。

第(4)列与第(5)列的实证结果与差异化作用的基准结果基本一致，生产率处于产业中端的企业加权中间品关税的估计系数显著为负，生产率处于分组两端的估计系数不显著，稳健地支撑了中间品贸易自由化只促进中等生产率的出口企业由低生产技术转向高生产技术的结论。

第六节　本章小结

本章通过理论模型的建立将中间品贸易自由化、企业技术选择与生产率联系起来。理论模型表明中间品关税减让使应用高生产技术的企业拥有更低的边际生产成本获得更多的利润，从而促使生产率较高的企业由低生产技术转向高生产技术。

实证结果发现入世后中国实施的中间品贸易自由化政策主要促进出口企业技术升级，并且只促进中等生产率的企业技术升级，较好地验证了本章理论模型的假定与结论。通过行业异质性分析，我们也发现中间品贸易自由化对技术密集型企业生产技术的促进作用最强，对劳动密集型企业技术选择的影响最弱。

第四章
中间品贸易自由化与中国制造业企业出口产品质量

第一节 引 言

2009 年中国超越德国成为世界第一出口大国，而中国目前仍处在全球价值链的中、低端位置，在出口结构、产品增加值和产品质量等方面与德国等发达国家相比仍存在不小的差距。企业生产高质量产品一直被视为一个国家出口贸易和经济发展的先决条件(Amiti & Khandelwal，2013)，从低质量生产到高质量生产的演化路径可以说是发展中国家“追赶”和“赶超”发达国家的过程，也是一国产业升级的必由之路。为此，中国在《质量发展纲要(2011—2020 年)》提出要强化企业质量主体作用和提升企业的产品质量，并且在《中华人民共和国国民经济和社会发展第十三个五年规划纲要》中首次将“建设质量强国”作为重大政策写进五年规划，提出要“加快建设质量强国、制造强国”的质量强国战略。因此，本章以 2001 年中国入世的进口关税削减这一准自然实验为契机考察中间品贸易自由化对中国制造业企业出口产品质量的影响。

目前国内外学者关于中间品贸易自由化对企业出口行为的研究较多，主要结论为中间品贸易自由化能够提高企业的生产率(Amiti & Konings，2007；Tuan Anh，2011)、扩大企业的出口拓展边际(Bas & Strauss-Kahn，2015)等，但对中间品贸易自由化和企业出口产品质量的相关性研究较少。部分学者发现中间品贸易自由化对企业出口产品质量升级具有促进作用

（Amiti & Konings，2007；Fan et al，2015c；Bas & Strauss-Kahn，2015）。但这些文献研究了中间品关税与企业出口产品质量之间的线性关系，并未深入探讨中间品贸易自由化影响企业出口产品质量的微观机制。也有学者发现贸易自由化与产品质量之间存在非线性关系（Amiti & Khandelwal，2013），但并未从削减进口关税的影响渠道分析两者的非线性关系。

入世后中国实施的中间品贸易自由化政策是否促进企业出口产品质量？中间品关税与企业出口产品质量是否为简单的线性关系？中间品贸易自由化通过何种途径或者渠道影响企业的出口产品质量？针对这些问题，本章的研究结论与以往文献有所不同。首先，中间品关税与企业出口产品质量可以为线性关系，也可以是U形关系，取决于初始中间品关税的高低；其次，中间品贸易自由化政策影响企业出口产品质量的途径主要有成本渠道和竞争渠道，这两种渠道的作用方向以及作用大小有所差异；最后，中间品贸易自由化政策可以促进企业出口产品质量，但也可能抑制企业出口产品质量，这取决于中间品贸易自由化作用的两个渠道的综合作用结果。为回答以上问题，本章将在前人的基础上建立理论模型，并使用中国2000—2006年高度细化的关税数据、海关数据和中国工业企业数据进行实证分析。本章可能的贡献主要有：第一，在前人理论基础上建立同时纳入异质性企业、进口中间品和产品质量的理论模型，得到中间品关税与企业出口产品质量既可能是简单的线性关系也可能是U形关系的结论。第二，这是首篇系统阐述入世后中间品贸易自由化影响中国制造业企业出口产品质量作用机理的文献，从成本渠道和竞争渠道两个视角提出了削减中间品关税对企业出口产品质量的具体作用机制。第三，通过分析成本渠道和竞争渠道的作用方向和作用强度成功解释了入世后中国的中间品关税与企业出口产品质量呈现U形关系的原因。

本章余下的安排如下：第二部分验证中间品关税与企业出口产品质量之间关系；第三部分为理论模型，论述中间品贸易自由化对企业出口产品质量的作用及其影响渠道；第四部分是企业出口产品质量和中间品关税的测度与数据说明；第五部分为建立待检验的计量模型，并使用中国制造业微观数据验证中国实施的中间品贸易自由化与企业出口产品质量是否呈现U形关系；第六部分利用中国制造业的相关数据，分别单独检验成本渠道和竞争渠道是否存在和两者的共同作用；第七部分为稳健性检验；最后为本章小结。

第二节　验证中间品关税与企业出口产品质量之间关系

本节将使用2000—2006年高度细化的中国微观数据，重点验证2000—2006年中间品关税与企业出口产品质量之间的关系。具体如下：

为直观观察中间品关税与中国制造业企业出口产品质量是线性关系还是非线性U形关系，本节绘制中间品关税与企业出口产品质量的散点图(见图4.1)。如图所示，中间品关税与企业出口产品质量之间为非线性U形关系。具体为，从右向左看，中间品关税与企业出口产品质量首先为正向相关关系，到达某临界点后，中间品关税与企业出口产品质量转变为负向相关关系。

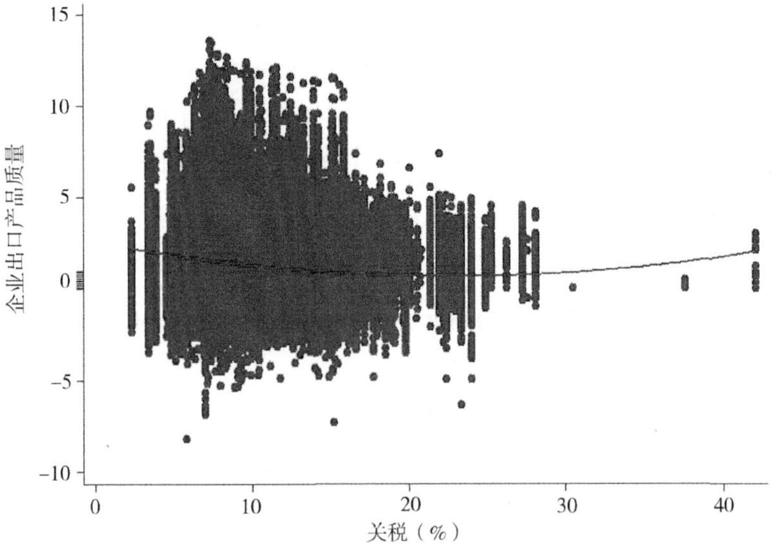

图4.1　中间品关税与企业产品质量的散点图

第三节 理论模型

参照 Melitz & Ottaviano(2008)、Antoniades(2015)和 Ludema & Yu(2016)的模型，本书在异质性企业分析框架下建立同时纳入中间品关税、产品质量与企业可变加成率的理论模型，尝试分析中间品贸易自由化对企业出口产品质量和可变加成率的影响及其作用渠道。具体设定如下：

一、消费者行为

为将产品质量引入模型分析，参照 Antoniades(2015)和 Ludema & Yu(2016)的做法，本节将代表性消费者的效用函数设定如下：

$$U = q_0^c + \alpha \int_{i \in \Omega} q_i^c \mathrm{d}i + \beta \int_{i \in \Omega} z_i q_i^c \mathrm{d}i - \frac{1}{2}\gamma \int_{i \in \Omega} \geqslant (q_i^c)^2 \mathrm{d}i - \frac{1}{2}\eta \left(\int_{i \in \Omega} q_i^c \mathrm{d}i \right)^2 \tag{4.1}$$

其中 q_0^c 和 q_i^c 分别代表消费者的同质化产品(计价商品)的消费量和差异化产品 i 的消费量；Ω 是消费者所消费的差异化商品的集合；α、β、γ 和 η 均为大于零的参数；z_i 为差异化产品 i 的产品质量。如果所有企业的产品质量无差异($z \equiv 0$)时，此代表性消费者的效用函数将与 Melitz & Ottaviano(2008)完全一致。因此，本节使用的纳入产品质量的代表性消费者的效用函数比 Melitz & Ottaviano(2008)更为一般化。由该效用函数可推导出代表性消费者对差异化产品 i 的需求函数，具体为：

$$p_i = \alpha - \gamma q_i^c + \beta z_i - \eta Q^c \tag{4.2}$$

其中 $Q^c = \int_{i \in \Omega} q_i^c \mathrm{d}i$，是所有差异化商品的消费量总和。相对于同质化商品，参数 α 和参数 η 表示代表性消费者对差异化商品的偏好程度。参数 α 越大和参数 η 越小，代表性消费者越偏好差异化商品。如果参数 γ 和参数 β 同时为零，则所有差异化商品的需求相同，差异化商品之间相互完全替代，即消费者只关心差异化商品的总数量 Q^c。因此，参数 γ 和参数 β 越大，差异化商品之间的差异程度越大，参数β反映代表性消费者对差异化产品质量的偏好。

假定经济体中的总人口为L，加总式(4.2)中代表性消费者的需求可得到差异化产品i的市场需求函数：

$$q_i \equiv Lq_i^c = \frac{\alpha L}{\eta N + \gamma} - \frac{L}{\gamma}p_i + \frac{L\beta}{\gamma}z_i + \frac{\eta N}{\eta N + \gamma}\frac{L}{\gamma}\bar{p} - \frac{\eta N\beta}{\eta N + \gamma}\frac{L}{\gamma}\bar{z}, \quad \forall i \in \Omega^* \tag{4.3}$$

其中N是差异化产品的种类总数(即企业数量)，平均价格$\bar{p} = (1/N)\int_{i\in\Omega^*} p_i^c \mathrm{d}i$，平均产品质量$\bar{z} = (1/N)\int_{i\in\Omega} z_i \mathrm{d}i$。其中，消费集$\Omega^*$需满足条件$q^i > 0$，此时产品价格需符合以下条件：

$$p_i \leqslant \frac{\gamma\alpha + \eta N\bar{p} - \eta N\beta\bar{z}}{\eta N + \gamma} + \beta z_i \equiv p_{\max} \tag{4.4}$$

其中，$p_{\max}$表示代表性消费者在产品质量为z_i时所能接受的最大产品价格。此表达式说明代表性消费者所愿支付的最高价格与产品质量直接相关，产品质量越高，代表性消费者所愿支付的最高价格越高。当某种类的差异化商品的市场价格高于$p_{\max}$时，代表性消费者的需求为零。也就是说生产企业的产品定价不能高于$p_{\max}$，否则生产企业将会退出市场。

假定存在两个国家：本国(l)和外国(h)①，分别拥有L^l和L^h数量的消费者。两国之间无人员流动，且两国的代表性消费者具有相同的效用函数。差异化产品i在l国中的市场需求函数可表示为：

$$q_i^l = \frac{\alpha L^l}{\eta N^l + \gamma} - \frac{L^l}{\gamma}p_i^l + \frac{L^l\beta}{\gamma}z_i^l + \frac{\eta N^l L^l}{\eta N^l + \gamma}\bar{p} - \frac{\eta N^l L^l\beta}{\eta N^l + \gamma}\bar{z} \tag{4.5}$$

二、生产者行为

假设一国国内生产存在两个经济部门：中间品生产部门与最终品生产部门。中间品生产部门中唯一投入要素是劳动，生产同质性中间品，市场

① 下文中，上标为l和h分别表示本国和外国的相应指标。

结构是完全竞争市场。最终品生产部门生产如 Melitz & Ottaviano(2008) 中的差异化商品，企业进入市场前需承担沉没成本 f_E 且不清楚自身的边际生产成本。进入市场后，生产企业知晓自身的边际成mc后，再决定是否退出市场或者继续生产。设定边际成本 mc 为一个随机变量，定义域为[0, c_M]。进入市场后继续生产差异化产品 i 的企业的成本函数为：

$$\mathrm{TC}_i = q_i c_i + q_i \delta z_i + \theta (z_i)^2 \tag{4.6}$$

其中，式(4.6) 中的第一部分"$q_i c_i$" 为企业生产的可变成本，反映由于数量增加引致的可变成本，因此下文中统称 c_i 为数量边际成本。区别于 Melitz & Ottaviano(2008)，本节生产差异化产品 i 的企业不再唯一使用劳动作为生产要素，而是同时使用劳动、国内中间品和进口中间品进行生产。假定生产差异化产品 i 企业的数量边际成本的函数形式为：

$$c = \varphi_i^{-1}(w^L + \beta w^M + \gamma w_A^M) \tag{4.7}$$

其中 w_A^M 为使用进口中间品投入的单位成本，为中间品关税 τ_{in} 的增函数。企业的全要素生产率 φ 越高、进口中间投入的单位成本越低时，企业的数量边际成本 c_i 越小。

式(4.6) 中的第二部分"$q_i \delta z_i$" 反映生产过程由调整产品质量引致的可变成本，质量调整参数 δ 为调高一单位质量时增加的边际成本。式(4.6) 中的第三部分为与生产产品数量无关的成本，与企业的产品质量和所在行业的研发参数 θ 正相关。

通过差异化产品 i 企业的成本函数，可得出边际成本 $\mathrm{mc}_i = c_i + \delta z_i$。该成本由两部分组成：与 Melitz & Ottaviano(2008) 中一致的边际成本 c_i(下文均简称数量边际成本①) 和与质量升级相关的部分 δz_i(下文均简称质量边际成本)。

生产企业可以选择是否进入退出市场和是否出口。企业可分别设定本

① 称为数量边际成本仅为与质量边际成本区分开，并非指此部分边际成本与企业的产量有关。

国产品和出口产品的质量和价格，这意味着同一企业的国内产品和出口产品的质量和价格可存在较大的差异，此假设与 Manova & Zhang(2012) 的结论相符。企业根据利润最大化的原则选择其生产的产品质量和产品价格，因此需明确表示 l 国的生产企业在国内市场和出口市场上的利润的表达式：

$$\pi_D^l = [p_D^l(c, z) - c - \delta^l z_D^l] q_D^l(c, z) - \theta z^2 \tag{4.8}$$

$$\pi_X^l = [p_X^l(c, z) - (1 + \tau_{\text{fin}}^h)c - \delta_X^l] q_X^l(c, z) - \theta z^2 \tag{4.9}$$

其中 p_D^l、q_X^l、z_D^l 和 π_D^l 分别代表 l 国生产企业在本国市场价格、销售量、产品质量和市场利润。p_X^l、q_X^l、z_X^l 和 π_X^l 分别代表 l 国生产企业在出口市场的产品价格、销售量、产品质量和市场利润。参数 τ_{fin}^h 为 h 国对 l 国生产企业的出口商品征收的最终品关税。假定出口产品的冰山成本全部由关税构成，且与产品质量无关，此假设下企业出口产品的边际成本为 $(1 + \tau_{\text{fin}}^h)c + z_X^l$。

l 国的企业 i 在本国市场和出口市场利润同时最大化时的一阶条件为：

$$q_D^l(c, z) = \frac{L^l}{\gamma}[p_D^l(c, z) - c - \delta^l z_D^l] \tag{4.10}$$

$$q_X^l(c, z) = \frac{L^l}{\gamma}[p_X^l(c, z) - (1 + \tau_{\text{fin}}^h)c_i - \delta^l z_X^l] \tag{4.11}$$

l 国生产企业在本国市场和出口市场生产的临界最优产品质量均为零，因此 l 国生产企业在本国市场和出口市场的临界边际生产成本满足以下条件：

$$c_D^l = \sup\{\pi_D^l(c) > 0\} = p_{\max}^l \tag{4.12}$$

$$c_X^l = \sup\{\pi_X^l(c) > 0\} = \frac{p_{\max}^h}{(1 + \tau_{\text{fin}}^h)} \tag{4.13}$$

与 Melitz & Ottaviano(2008) 的相关分析相似，根据式(4.12) 和式(4.13) 可知：

$$c_X^h = c_D^l / (1 + \tau_{\text{fin}}^l) \tag{4.14}$$

将本国(l 国) 和外国(h 国) 的企业利润，表示为相应的边际成本

$c(\tau_{in}, \varphi)$、临界生产成本和产品质量的函数①。l 国生产产品种类 i 的企业的国内市场利润 $\pi_D^l[c(\tau_{in}^l, \varphi^l), z_D^l]$ 和出口市场利润 $\pi_X^l[c(\tau_{in}^l, \varphi^l), z_X^l]$ 的表达式分别为：

$$\pi_D^l[c(\tau_{in}^l, \varphi^l), z_D^l] = \frac{L^l}{4\gamma}[c_D^l - c(\tau_{in}^l, \varphi^l) + (\beta^l - \delta^l) z_D^l]^2 - \theta^l(\tau_{in}) z_D^{l\,2} \tag{4.15}$$

$$\pi_X^l[c(\tau_{in}^l, \varphi^l), z_X^l] = \frac{L^h}{4\gamma}\{(1 + \tau_{fin}^h)[c_X^l - c(\tau_{in}^l, \varphi^l) + (\beta^h - \delta^l) z_X^l]\}^2 - \theta^l(\tau_{in})(z_X^l)^2 \tag{4.16}$$

企业根据利润最大化的原则，选择最优的本国产品质量 z_D^{l*} 和出口产品质量 z_X^{l*}，得到：

$$z_D^{l*} = \lambda_D^l(c_D^l - c(\tau_{in}^l, \varphi^l)) \tag{4.17}$$

$$z_X^{l*} = (1 + \tau_{fin}^h)\lambda_X^l(c_X^l - c(\tau_{in}^l, \varphi^l)) \tag{4.18}$$

为全面分析中间品贸易自由化对企业产品质量的影响，需求得本国产品临界边际成本 c_D^l 和出口产品临界边际成本 c_X^l 的表达式。下面将利用市场均衡条件分别求得本国产品临界边际成本 c_D^l 和出口产品临界边际成本 c_X^l 的表达式。

三、市场均衡

市场均衡时，企业的预期利润将为零，此条件可表达为：

$$\int_0^{c_D^l}\pi_D^l(c(\tau_{in}^l, \varphi^l), z_D^l)\mathrm{d}G(c) + \int_0^{c_X^l}\pi_X^l(c(\tau_{in}^l, \varphi^l), z_X^l)\mathrm{d}G(c) = f_E \tag{4.19}$$

假定两国中边际成本的倒数 $1/c$ 服从帕累托分布形式。根据国内市场利润(式(4.15))和出口市场利润(式(4.16))表达式，式(4.19)可转变为：

① 从上文中式(4.7)可知，边际成本为进口中间品关税 τ_{in} 的增函数和企业的全要素生产率 φ 的减函数，因此本章将边际成本 c 表示为 $c(\tau_{in}, \varphi)$。

$$L^{l}[1+(\beta^{l}-\delta^{l})\lambda_{D}^{l}](c_{D}^{l})^{k+2}+L^{h}[1+(\beta^{h}-\delta^{l})\lambda_{X}^{l}](c_{D}^{h})^{k+2}\rho^{h}=\gamma\zeta \tag{4.20}$$

其中，参数$\zeta=2c_{m}^{k}(k+1)(k+2)f_{E}$，参数$\rho^{h}=(1+\tau_{\text{fin}}^{h})^{-k}$。依据上文的分析，我们也能得到位于$h$国的企业与式(4.20)形式类似的表示式。联立两个表达式求得两个参数c_{D}^{l}和c_{D}^{h}表达式，在此仅写出l国(本国)的临界生产成本c_{D}^{l}和出口临界成本c_{X}^{l}的表达式：

$$c_{D}^{l}=\left\{\frac{\gamma\zeta}{L^{l}}\left[\frac{[1+(\beta^{l}-\delta^{h})\lambda_{D}^{h}]-\rho^{h}[1+(\beta^{h}-\delta^{l})\lambda_{X}^{l}]}{[1+(\beta^{l}-\delta^{l})\lambda_{D}^{l}][1+(\beta^{h}-\delta^{h})\lambda_{D}^{h}]-\rho^{l}\rho^{h}\lambda_{X}^{l}[1+(\beta^{l}-\delta^{h})\lambda_{X}^{h}]}\right]\right\}^{1/(k+2)} \tag{4.21}$$

$$c_{X}^{l}=\frac{1}{1+\tau_{\text{fin}}^{h}}\left\{\frac{\gamma\zeta}{L^{h}}\left[\frac{[1+(\beta^{h}-\delta^{l})\lambda_{D}^{l}]-\rho^{l}[1+(\beta^{l}-\delta^{h})\lambda_{X}^{h}]}{[1+(\beta^{h}-\delta^{h})\lambda_{D}^{h}][1+(\beta^{l}-\delta^{l})\lambda_{D}^{l}]-\rho^{l}\rho^{h}\lambda_{X}^{h}[1+(\beta^{h}-\delta^{l})\lambda_{X}^{l}]}\right]\right\}^{1/(k+2)} \tag{4.22}$$

通过式(4.17)和式(4.18)可分析中间品贸易自由化政策对企业出口产品质量的影响。中间品贸易自由化政策会增大国家规模L。假定国家规模L为行业中间品关税的一次函数，具体表达为$L^{l}=a+b\tau_{\text{in}}^{l}$(参数$b>0$)。中间品贸易自由化增大国家规模$L$时会降低$l$国(本国)的$c_{D}^{l}$与$c_{X}^{l}$，表明中间品贸易自由化将引致市场竞争加剧，通过竞争渠道降低企业出口产品质量。与此同时，中间品贸易自由化也会降低企业的边际生产成本，通过成本渠道提升企业的出口产品质量。

综合以上表达式，满足一定条件时可得到以下命题：

命题1：给定其他参数不变，如果之前中间品关税较高，中间品贸易自由化过程前期竞争渠道将主导总体作用，后期成本渠道主导总体作用，那么中间品贸易自由化过程中中间品关税与企业出口产品质量之间为非线性U形关系；如果之前中间品关税已足够低，成本渠道始终主导中间品贸易自由化的总体作用，实施中间品贸易自由化后中间品关税与企业出口产品质量之间将为线性负相关关系。

命题 2：其他参数不变时，生产率更高的企业将会出口更高质量的产品。

第四节　变量指标测算和数据说明

一、变量指标测算

（一）企业出口质量测算

本章研究的主题是中间品贸易自由化对中国制造业企业出口产品质量的影响，因此合理测算出口产品质量非常关键。目前测算产品质量的方法主要有单价法、使用需求信息反推法(Amiti & Khandelwal，2013；Hallak & Sivadasan，2009；施炳展，2013）和同时使用需求和供给信息推算法（Feenstra & Romalis，2014；余淼杰，张睿，2015）。单价法使用平均出口价格直接衡量出口产品质量，误差较大，因为平均价格除包含质量信息外还包括成本信息、加成率信息等，而且也忽略了企业生产率异质性所导致的价格差异。因此，目前主流研究文献主要使用了以 Amiti & Khandelwal (2013)为代表的使用需求信息反推法，该方法通过引起消费者对产品质量的偏好，最优化消费者的消费行为。其基本逻辑是价格相同、市场绩效越好的企业的产品质量更高，与现实经济行为逻辑相符。但该方法的缺点在于忽略了供给面的因素，仅仅使用需求信息推算产品质量。理论上使用更多信息的估计方法推算的产品质量更精确，Feenstra & Romalis(2014)同时使用了需求和供给信息来测算国家-产品分类的产品质量。余淼杰和张睿(2015)在 Feenstra & Romalis(2014)的基础上进行小幅度改进，并使用中国微观数据测算出口产品质量，进而可以分析异质性企业的产品质量。因此，本章在 Feenstra & Romalis(2014)的框架下，参照余淼杰和张睿(2015)的方法，测算中国制造业企业的出口产品质量。下面将详细介绍该方法。

1. 测算出口产品质量的理论框架

需求方面，Feenstra & Romalis(2014)假定消费者不仅偏好于更多数量的消费产品，也偏好于消费更高质量的产品。对于 j 国的消费者，在每个产品种类 g(HS 六位码产品) 中存在连续的差异化产品 ω，消费者的偏好满足以下所示的支出函数：

$$E_{jg} = U_{jg}\left[\int_{\omega}(p_{\omega j}/(z_{\omega j})^{\alpha_{jg}})^{(1-\sigma_g)}\mathrm{d}\omega\right]^{1/(1-\sigma_g)} \tag{4.23}$$

$$\alpha_{jg} = h(U_{jg}) = 1 + \lambda\ln(U_{jg}) \tag{4.24}$$

其中，U_{jg} 表示效用，$p_{\omega j}$ 和 $z_{\omega j}$ 分别为在 j 国销售的产品种类 ω 的到岸价格和产品质量。参数 α_{jg} 反映 j 国消费者对产品 g 的质量偏好。σ_g 为同一产品种类中不同种类之间的替代弹性。通过设定 σ_g 为效用 U_{jg} 的函数，可用来分析不同收入或者人均收入对消费产品质量的偏好。在 CES 形式支出函数的假定下，可得到与 Melitz(2003) 类似的固定加成率。

接下来考虑供给方面，即企业生产行为。假定向 j 国出口产品 g 且生产率为 φ_i 的企业 i，使用一单位复合投入 x_{ij} 可产出一单位的产品 g，其质量 z_{ijg} 为：

$$z_{ijg} = (x_{ijg}\varphi_{ij})^{\theta} \tag{4.25}$$

其中 $0 < \theta < 1$，表示企业在提高产品质量时面临边际成本递增。假定所有国家的生产率分布相同，均为帕累托分布。进而，可得到边际生产成本 $c(z_{ijg},\ w)$：

$$c(z_{ijg},\ w) = w\,(z_{ijg})^{1/\theta_g}/\varphi_i \tag{4.26}$$

其中，$c(z_{ijg},\ w)$ 为边际生产成本，与产品质量 z_{ijg} 和成本率 w 有关。需要指出的是，该式表示更高生产率的企业的边际成本更低。企业同时决定产品质量和产品价格。向 j 国出口产品 g 的企业 i，利润最大化问题可表示为：

$$\max[p_{ijg}* - c(z_{ijg},\ w)]\tau_{ijg}q_{ijg}/\mathrm{tar}_{jg} \tag{4.27}$$

其中，q_{ijg} 为企业 i 生产的产品 g 销售到 j 国的数量，tar_{jg} 为出口产品 g 时在 j 国被征收的关税水平。假定企业出口需同时负担两种税：从价税 τ_{ijg} 和从量税 T_{ijg}。离岸价格 $p_{ijg}*$ 和到岸价格 p_{ijg} 之间满足以下关系：

$$p_{ijg} = (p_{ijg}* + T_{ijg})\tau_{ijg} \tag{4.28}$$

其中，p_{ijg} 为 j 国消费者所面临的产品价格。企业最优化时，一阶条件为：

$$\frac{\partial c(z_{ijg}, w)}{\partial z_{ijg}} = \alpha \frac{[c(z_{ijg}, w) + T_{ijg}]}{z_{ijg}} \tag{4.29}$$

假定所有企业均已知市场需求，将需求方面的固定加成率代入上述一阶条件①，整理可得到：

$$\ln(z_{ijg}) = \theta_g[\ln(\kappa_{jg}) + \ln(p_{ijg}{}^*) + \ln(\varphi_i) - \ln(w)] \tag{4.30}$$

其中，$\kappa_{jgt} = \alpha_{jg}\theta_g(\sigma_g - 1)/[1 + \alpha_{jg}\theta_g(\sigma_g - 1)]$。将年份 t 纳入到上式，可表示为：

$$\ln(z_{ijgt}) = \theta_g[\ln(\kappa_{jgt}) + \ln(p_{ijgt}{}^*) + \ln(\varphi_{it}) - \ln(w_t)] \tag{4.31}$$

该方法同时使用需求信息和供给信息估算产品质量，本章将使用式（4.31）估算中国制造业企业出口产品质量。

2. 质量实际测算说明

本章从2000—2006年的中国海关数据库获得每一年企业出口到每个国家每种产品类别的离岸价格 $p_{ijgt}*$，从2000—2006年的中国工业企业数据库获得企业生产率 φ_{it} 和复合成本 w_t，从Feenstra & Romalis(2014) 论文中获得 κ_{jgt}、θ_g 等一系列的参数值。具体过程如下：

第一，离岸价格 $p_{ijgt}*$ 的衡量。2000—2006年中国海关数据库记录企业每笔交易的HS 8位码产品、出口数量、出口额、出口国等信息。由于加工贸易企业不承担进口中间品的费用，且在出口总量中占有比较大的比重，因此这里使用一般贸易方式的出口数据衡量产品的离岸价格。在中国海关数据库中，企业出口额的计价单位为美元，因此这里使用年度汇率将每笔交易额转换为人民币计价的出口额。汇总企业 i 在 t 年出口到 j 国的产品 g 的出口额和交易数量，将总出口额 value_{ijgt} 除以总交易数量 quantity_{ijgt} 得到企业－目的地－产品－年份层面的离岸价格，具体公式如下：

$$p_{ijgt}* = \text{value}_{ijgt}/\text{quantity}_{ijgt} \tag{4.32}$$

① 具体过程见Feenstra & Romalis(2014)。

第二，成本率 w_t 的衡量。如同余淼杰和张睿(2015)的做法，假定企业生产函数为符合投入为劳动、资本和中间投入三种要素的柯布 - 道格拉斯生产函数，此时成本率 w_t 为三种要素成本的综合成本率，具体表达式为：

$$\ln(w_t) = \alpha\ln(w_l^t) + \beta\ln(w_k^t) + \gamma\ln(w_m^t) \tag{4.33}$$

其中，w_l^t、w_k^t 和 w_m^t 分别为劳动、资本和中间投入的单位投入成本，α、β 和 γ 分别代表劳动、资本和中间投入的投入份额。与余淼杰和张睿(2015)设定相同，均衡时中间投入的单位投入成本为等于 1，因此上式将表达为：

$$\ln(w_t) = \alpha'\ln(w_l^t) + \beta'\ln(w_k^t) \tag{4.34}$$

α' 和 β' 分别为劳动和资本在综合工资率中的所占比例。接下来，将每个两位码行业中每年出口企业的应付工资总额和应付福利总额加总并使用价格指数进行平减，除以总雇员人数得到两位码行业层面每年的劳动成本：

$$w_l^t = (\text{wage}_t + \text{compensation}_t) / \text{employee}_t \tag{4.35}$$

生产函数为 $Y_{it} = \varphi_{it}\text{labor}_{it}{}^{\alpha}k_{it}{}^{\beta}M_{it}{}^{\gamma}$ 时，α' 和 β' 为以下形式：

$$\begin{aligned} \alpha' &= \alpha/(\alpha + \beta + \gamma) \\ \beta' &= \beta/(\alpha + \beta + \gamma) \end{aligned} \tag{4.36}$$

各个两位码的弹性 α、β 和 γ 的估计值可在使用 OP 方法测算企业全要素生产率的过程中得到。

第三，结构性参数。与余淼杰和张睿(2015)做法类似，为了更加准确估计出口产品质量，我们使用 Feenstra & Romalis(2014)提供的各个国家的产品的结构参数。由于 Feenstra & Romalis(2014)提供的产品代码为 SITC 第二版，我们根据 WITS 提供的 HS 六位码与 SITC 第二版 4 位码产品的转换表，得到中国每个 HS 六位码产品的 κ_{jgt}、θ_g 和 σ_g 数值。

最后，本章使用以上过程计算的离岸价格 $p_{ijgt}*$、OP 方法企业生产率 φ_{it}，复合成本 w_t 和 κ_{jgt}、θ_g 等数值测算中国企业出口产品质量。接下来，我们将测算的产品质量除以相应产品类别内总体产品质量的 10%分位数，得到标准化的产品质量。

(二)中间品贸易自由化指标

自2001年末加入WTO以来，中国的贸易自由化进程主要以降低关税率为核心，降低进口配额、许可证等非关税壁垒为辅助措施。另外，由于进口配额、许可证等非关税壁垒数据的可得性与衡量标准的争议性的问题，这里将采用关税减让作为中间品贸易自由化的衡量标准。

目前国际主流文献中，使用关税构建企业层面的中间品关税的做法主要有两种：一是通过行业层面中间品关税间接替代企业的中间品关税，国外文献以Amiti & Konings(2007)为代表，国内文献以毛其淋和盛斌(2013)等为代表。此种方法通常采用最终关税率衡量贸易自由化，再利用投入产出表构建行业的中间品关税。该种做法的优点是能够克服变量与企业其他指标的相关性，进而减少或者避免实证模型中的内生性问题。正如Fan et al.(2015c)所言，但使用产业层面关税替代企业层面关税并不能真实反映差异化企业的关税成本，存在较大的测量误差，且不能反映同一行业中异质性企业的中间品关税差异。二是通过企业的进口信息直接构建企业的中间品关税，具体算法可参照(Fan et al., 2015c；Bas & Strauss－Kahn, 2015；田巍，余淼杰，2014)。该做法能够较为准确地反映贸易自由化对异质性企业进口成本的影响，但可能会引起内生性问题。综合考虑以上情况，在本章中我们主要采用产业层面的中间品关税进行分析。

受Amiti & Konings(2007)和Topalova & Khandelwal(2011)等论文的启发，本章将Chen et al.(2013)的方法拓展到四位码产业的关税，具体计算过程如下：

为了计算行业层面的中间品关税，本章需要计算行业层面的最终品关税，即行业对应HS 8位码产品的简单平均关税，具体公式为：

$$\text{outputtariff}_{nt} = \frac{1}{N}\sum_{k \in n,\ k=1}^{N} \tau_{kt} \tag{4.37}$$

outputtariff_{nt} 是行业 n 在 t 年的最终品关税，N 为对应于产业 n 的HS 8

位码产品的总种类，τ_{kt} 为中国海关在 t 年对 HS 8 位码产品 k 的进口关税税率①。

则计算中间品关税的公式为：

$$\text{intertariff}_{jt} = \sum_{n} A_{nt} \times \text{outputtariff}_{nt} \tag{4.38}$$

intertariff_{jt} 为行业 j 在 t 年的中间品关税，权重 A_{nt} 为行业 j 的总中间投入来源于行业 n 的份额，τ_{nt} 为上文计算的行业 n 的平均关税。由上式可知，该中间品关税是由于行业间的投入产出关系引起，本质是所有相关联行业的中间品关税的加权平均。举例说明，假定汽车制造行业的最终品生产需使用金属制造业、轴承制造业和轮胎制造业的中间品，其中间品进口关税分别为 15%、20% 和 20%，假定来自该三种行业的投入份额分别为 0.3、0.3 和 0.4，那么汽车制造行业的中间品关税应为 18.5%(15% * 0.3 + 20% * 0.3 + 20% * 0.4)。本章使用 2002 年中国投入产出表来计算权重 A_{nt}，使用 2002 年中国投入产出表的原因为其为本研究时间 2000—2006 年唯一的中国投入产出表。

为计算行业的平均关税，本章参照 Chen et al. (2013) 的方法并进行拓展，建立投入产出表、国民经济行业分类(四位码)与海关产品的对照表，计算国民经济行业四位码层面的中间品关税。具体过程如下：首先将投入产出表行业与国民经济行业(四位码)CIC4 对应，2002 投入产出表中有 122 个行业，而国民经济四位码行业数超过 900 个；其次，根据《国民经济行业分类注释》提供的国民经济行业分类 2002 版与国际标准产业分类(ISIC)、世界银行 WITS 提供的 HS 六位码与国际标准产业分类对照表得到 CIC4 与 HS 六位码的对照表；最后，通过前两个对应表得到投入产出表行业与 HS 六位码的对照表。

二、数据说明

本章采用 2000—2006 年中国工业企业数据库的相关指标衡量企业的成

① 关税数据来源与具体处理过程将在下一节数据说明中给予详细说明。

本指标。中国工业企业数据库是由中国国家统计局负责统计的年度微观企业数据集，该数据主要统计两种类型的企业：第一种类型企业是中国全部的国有工业企业；另一种企业类型为企业规模在500万元以上的私有工业企业，即规模以上的非国有工业企业，统计基本单位为企业法人。该数据库包括关于企业财务的100多个财务指标，包含企业的大量财务信息。该数据库有统计期限较长、财务指标多和大样本等优点，因此目前学术界已大量使用该数据库做学术研究。然而中国工业企业数据库的原始数据存在一些问题，例如指标缺失、指标大小存在大量异常值等，数据质量不满足学术研究的要求，因此需对中国工业企业数据库原始数据进行适当处理。本章对中国工业企业数据库的处理方法与第三章相同，在此不再赘述。

本章企业的价格信息来自2000—2006年的中国海关数据库。由于需要计算一般贸易方式的HS六位码的产品单价，因此本章进行了以下处理：(1)仅保留一般贸易方式的出口观测值；(2)由于中间贸易商的商品并非企业自身生产，所以参照Ahn et al.(2011)的做法，根据企业名称中是否包含“进出口”“贸易”“外贸”“外经”“经贸”“工贸”和“科贸”关键字判断企业是否为中间商，剔除包含以上关键字的样本观测值；(3)剔除贸易价值量小于50美元、出口数量小于1的样本观察值；(4)中国海关数据统计的为HS八位码，同一HS六位码的产品单位可能不同，为此本章仅保留同一HS六位码下单位最多的样本观测值；(5)考虑到不同年份的中国海关HS版本不同，本章将产品代码统一为HS1996版本的代码；(6)由于中国海关数据库的计价单位为美元，本章使用年度汇率将每笔交易的交易额转换为人民币计价的出口额。

两个数据库的匹配方法和关税数据来源与第三章相同。此外，Tariff Download Facility数据库未提供中国2000年HS六位码的关税数据，本章使用1997年的关税税率替代2000年的税率水平，因为中国关税水平在1997—2000年间变动较小，该做法已被大量学者应用和学界接受。

第五节　基准分析

考虑到中间品关税与企业出口产品质量呈现 U 形关系，本章在既有理论模型与实证研究文献的基础上构建如下实证模型：

$$\text{quality}_{ight} = \alpha_0 + \alpha_1 \text{inputtariff}_{it} + \alpha_2 \text{inputtariff}_{it}^{\ 2} + X_{it} + \sigma_j + \sigma_g + \sigma_t + \varepsilon_{it} \tag{4.39}$$

其中，下标 i 、g、h 和 t 分别代表企业、出口目的国、HS 六位码产品与年份。Quality_{ight} 代表企业出口产品质量，inputtariff_{it} 为企业 i 在 t 年的中间品关税，σ_j、σ_t 和 σ_g 分别为行业、年份与出口目的国的特定效应。控制变量具体包括：企业最终品关税(outputtariff)、企业全要素生产率(tfp)、企业规模(size)、平均工资(wage)、资本劳动比(KL)、企业利润率(profit)、企业年限(age)、政府补贴(subsity)、外商投资企业类型的虚拟变量(我国港澳台投资企业 gat 和外商投资企业 foreign)以及赫芬达尔指数(HHI)。当企业中间品关税与企业出口产品质量之间存在非线性 U 形关系时，估计系数 α_1 和 α_2 应分别显著为负值和正值。参见表 4. 1。

表 4. 1　　　　控制变量的定义和说明

控制变量	缩写	测算方法
企业最终品关税	outputtariff	见上文中间品贸易自由化指标说明
全要素生产率	tfp	OP 方法
企业规模	size	企业从业人数的对数
平均工资	wage	(本年应付工资+本年应付福利总额)/从业人数
资本劳动比	KL	固定资产合计/从业人数
企业利润率	profit	利润总额/营业收入
企业年限	age	当年年份与企业成立年份之差再加 1
政府补贴	subsity	用中国工业企业数据库中的补贴收入衡量
港澳台投资企业	gat	企业是港澳台投资企业时，取值为 1，反之取值为 0

续表

控制变量	缩写	测算方法
外商投资企业	foreign	企业是外商投资企业时，取值为 1，反之取值为 0
赫芬达尔指数	HHI	$HHI_{jt} = \sum_{i\in j}(sale_{it}/sale_{jt})^2 = \sum_{i\in j}(S_{it})^2$

本章使用 2000—2006 年的详细微观企业数据对公式(4.39)进行估计，主要估计结果在表 4.2 中展示。

表 4.2　　**基准结果**

	(1)	(2)	(3)
inputtariff	-0.164*** (0.001)	-0.017*** (0.003)	-0.481*** (0.026)
$inputtariff^2$	0.002*** (0.000)	0.000*** (0.000)	0.018*** (0.001)
outputtariff			0.072*** (0.003)
tfp			1.443*** (0.018)
size			0.067*** (0.001)
wage			0.003*** (0.000)
KL			0.013*** (0.001)
profit			1.555*** (0.032)
age			-0.001*** (0.000)

续表

	(1)	(2)	(3)
subsity			0.000 (0.000)
gat			0.018*** (0.003)
foreign			0.153*** (0.004)
HHI			0.122 (0.183)
行业效应	否	是	是
年份效应	是	是	是
出口目的国效应	是	是	是
观测值	1983360	1983360	946913
R-squared	0.055	0.364	0.467

注：***、**、*分别表示在1%、5%和10%的水平下显著，括号中数据为稳健性标准误。下表同。

第(1)列只控制年份效应与出口目的国效应，未添加控制变量，发现所关注的企业中间品关税 inputtariff 的估计系数 α_1 显著为负，二次项的估计系数 α_2 显著为正，结果显示企业中间品关税与企业出口产品质量之间存在非线性 U 形关系。第(2)列进一步控制行业特定效应，估计系数 α_1 与 α_2 依然分别显著为负值与正值，第(3)列进一步添加控制变量，估计系数 α_1 与估计系数 α_2 的符号依然未变。以上结果清晰表明，中间品关税对中国制造业企业出口产品质量的影响并不是如 Bas & Strauss-Kahn(2015)与 Fan et al.(2015c)等得出的简单促进企业生产更高产品质量，而是非线性 U 形关系。这说明，当入世前中国某行业内的企业中间品关税足够高时，中间品贸易自由化会先降低企业的出口产品质量，当中间品关税降至临界值后中间品贸易自由化会转向提高企业的出口产品质量。而当入世前中国某行业内的企业中间品关税已较低，低于临界中间品关税水平时，此结果与 Bas & Strauss-Kahn(2015)与 Fan et al. (2015c)相同，即中间品贸易自由化会提升企业出口产品的质量。

从控制变量的实证结果看：最终品关税 outputtariff 的估计系数为正，表示最终品关税下降导致的市场竞争加剧会降低中国制造业企业出口产品质量，此结果与主流相关文献的结果一致；全要素生产率 tfp 的估计系数显著为正，表明生产率更高的企业倾向于生产更高质量的产品，此结果与本章的理论模型预测一致，且与相关文献实证结果相同；企业规模(size)、平均工资(wage)、资本劳动比(KL)、企业利润率(profit)、企业年限(age)、政府补贴(subsity)的系数大多在1%水平上显著为正，表明这些指标表现越好的企业出口产品质量越高，此实证结果与预期相符；我国港澳台投资企业虚拟变量与外商投资企业虚拟变量的估计系数均显著为正，表明与内资企业相比，外资企业具有较高的出口产品质量，外商投资企业的出口产品质量更高于我国港澳台投资企业的出口产品质量；赫芬达尔指数(HHI)的估计系数不显著。

第六节　机制分析

上文实证分析已验证了中间品关税与企业出口产品质量之间存在非线性 U 形关系，但并未详细分析和解释为何中间品关税与企业出口产品质量之间呈现非线性 U 形关系，以及中间品关税通过哪些渠道影响企业出口产品质量。本章认为中间品关税成本渠道和竞争渠道两个途径影响企业的出口产品质量，两个渠道的叠加作用使得中间品关税与企业出口产品质量之间呈现出非线性 U 形关系。具体为，当入世前中国某行业内的企业中间品关税足够高时，中间品关税竞争效应的“负”作用会高于成本效应的“正”作用，因此此阶段的中间品贸易自由化会降低此种类型企业的产品质量。随着中间品关税递减，当竞争效应的“负”作用低于成本效应的“正”作用时，中间品贸易自由化会促进企业生产更高质量的产品。本节将实证论证这两种渠道，分析中间品贸易自由化影响企业出口产品质量的影响机制。

一、成本渠道验证

为验证以上解释，本节首先验证中间品关税的成本渠道是否存在。中间品关税削减将会降低企业的边际生产成本，进而促使企业生产更高质量的出口产品。与非中间品进口企业相比，进口中间品的企业的成本渠道作用更为强烈，因此中间品贸易自由化影响中间品进口企业出口产品质量的成本渠道应该更强烈。本部分通过此预测验证是否存在成本渠道。在既有理论模型与实证研究文献的基础上，这里构建如下实证模型：

$$\text{quality}_{ight} = \alpha_0 + \alpha_1 \text{inputtariff}_{it} + \alpha_2 \text{import}_{it} + \alpha_3 \text{inputtariff}_{it} \times \text{import}_{it} + X_{it} + \sigma_j + \sigma_g + \sigma_t + \varepsilon_{it} \tag{4.40}$$

其中，import_{it} 为企业 i 在 t 年是否进口中间品的虚拟变量，当企业 i 在 t 年进口中间品时 import_{it} 取值为1，反之 import_{it} 取值为0。估计系数 α_3 应显著为负值，因为中间品贸易自由化对进口中间品企业的出口产品质量的影响更大。

表4.3的第(1)列和第(2)列分别汇报了使用2000—2006年的中国制造业企业微观数据所得到的实证结果。在第(1)列控制了年份效应、出口目的国效应与未添加控制变量，在1%的置信水平估计系数 α_1 显著为负值，估计系数 α_3 显著为负值，与预期完全相符，初步表明中间品贸易化影响企业出口产品质量的成本渠道存在。在第(2)列中，进一步控制行业特定效应与添加控制变量后，估计系数 α_3 符号依旧显著为负值，稳健验证了成本渠道的存在。

在验证到上述预期结果后，接下来自然会联想到中间品贸易自由化对进口中间品更多的企业出口产品质量的成本渠道影响应该更强烈。因此，这里将公式(4.40)中的企业是否进口中间品的虚拟变量 import_{it} 更换为企业进口中间品额占该其所属行业中间品进口总额的份额 import_share_{it}。同样，当中间品贸易自由化政策对进口中间品份额多的企业的成本渠道作用更强时，估计系数 α_3 的符号应该与 α_1 的符号相同，均显著为负值。该部分实证结果将在表 4.3 的第(3)列和第(4)列中展示。

表 4.3 **验证中间品关税的成本渠道是否存在**

	(1)	(2)	(3)	(4)
inputtariff	−0.106*** (0.000)	−0.112*** (0.006)	−0.114*** (0.000)	−0.123*** (0.006)
import	0.505*** (0.006)	0.336*** (0.011)		
inputtariff× import	−0.011*** (0.001)	−0.018*** (0.001)		
import-share			2.167*** (0.018)	0.678*** (0.062)
inputtariff×import-share			−0.058*** (0.003)	−0.012* (0.007)
控制变量	否	是	否	是
行业效应	否	是	否	是
年份效应	是	是	是	是
出口目的国效应	是	是	是	是
观测值	1983360	946913	1980922	946211
R-squared	0.076	0.470	0.074	0.468

如表 4.3 的第(3)列和第(4)列所示，无论是否控制年份效应与出口目的国效应和是否添加控制变量，估计系数 α_1 和 α_3 在 1%的置信水平下均显著为负，与预期结果相符，进一步验证了中间品贸易自由化影响企业出口

产品质量的成本渠道。此外，import_share 的估计系数 α_1 远远大于交互项的估计系数 α_3，表明进口中间品份额作用企业出口产品质量的方向始终为正向促进作用，并不会因中间品关税的高低发生反转，此结论与预测相符。

二、竞争渠道验证

理论模型预测竞争渠道的作用方向与其所属产业的竞争程度有关。产业的竞争程度较低时，竞争渠道对出口产品质量的作用为负向，且抑制作用随产业竞争程度的提升而减小。本节在既有理论模型与实证研究文献的基础上构建如下实证模型：

$$\text{quality}_{ijght} = \alpha_0 + \alpha_1 \text{inputtariff}_{jt} + \alpha_2 \text{competion}_{jt} + \alpha_3 \text{inputtariff}_{jt} \times \text{competition}_{jt} + X_{it} + \sigma_j + \sigma_g + \sigma_t + \varepsilon_{it} \tag{4.41}$$

其中，下标 j 代表 t 年企业 i 在所属的行业，使用国民经济产业四位码标识。competition_{jt} 为 t 年行业 j 的产业竞争状况，本节将同时使用赫芬达尔指数 HHI 与工业销售额前 20 名的企业的工业销售额 CR20 来衡量。当竞争渠道存在时，估计系数 α_1 应显著为负，估计系数 α_3 应显著为正。

当产业竞争程度降低到某一临界值以下，竞争渠道对出口产品质量的作用有可能转变为正向促进作用。对公式(4.41) 进行中间品关税求导，可得：

$$\frac{\partial \text{quality}_{it}}{\partial \text{inputtariff}_{jt}} = \alpha_1 + \alpha_3 \text{competition}_{jt} \tag{4.42}$$

该式可验证竞争渠道的方向是否反转问题。中间品贸易自由化前若某一行业 j 的中间品关税足够高且行业的竞争程度较小，则衡量市场竞争程度的逆指标 competition_{jt} 较高使得 $\alpha_1 + \alpha_3 \text{competition}_{jt} > 0$。此时企业出口产品质量对中间品关税的一阶导数为正，削减中间品关税将降低企业出口产品质量，即中间品贸易自由化的竞争渠道会促使企业出口产品质量升级。随着中间品关税继续降低与行业市场竞争加剧，企业出口产品质量对中间品关税的一阶导数 $\alpha_1 + \alpha_3 \text{competition}_{jt}$ 不断变小但依旧大于零，表明中间品贸易自由化对企业出口产品质量的竞争渠道作用大小随着市场竞争加剧而边际递减。当中间品关税低于某一临界值时，企业出口产品质量对中间品关税的一阶导数为负($\alpha_1+\alpha_3 competition_{jt}<0$)，此阶段削减中间品关税将会提升企业出口产品质量，即中间品贸易自由化的竞争渠道对出口产品质量的总体作用为正向促进作用。企业出口产品质量对中间品关税的一阶导数的绝对值不断变小，表明中间品贸易自由化对中国制造业企业出口产品质量的竞争渠道作用大小随着市场竞争增加而边际递减。

使用2000—2006年的中国制造业企业微观数据对公式(4.41)进行实证分析，实证结果在表4.4的第(1)列至第(4)列中汇报。第(1)列与第(2)列汇报了使用赫芬达尔指数HHI衡量产业竞争程度的实证结果。如第(1)列所示，估计系数α_3在1%的置信水平上显著为正，而估计系数α_1不显著，与理论预期不符。但在添加控制变量后，估计系数α_3在1%的置信水平上仍显著为正，估计系数α_1显著且与预期的符号相同。此外，两系数之间关系$|\alpha_1|<|\alpha_3|$，表明中间品贸易自由化影响企业出口产品质量的竞争渠道作用方向有可能会发生反转，但考虑到中间品贸易自由化前中国制造业的HHI指数平均较低，可能导致中间品贸易自由化影响企业出口产品质量的竞争渠道作用方向不会发生反转。为验证中间品贸易自由化影响企业出口产品质量的竞争渠道是否存在，我们需看添加控制变量后的实证结果，实证结果表明该竞争渠道显然存在。为更加严格地验证该竞争渠道，参照Liu & Ma(2015)的做法，本节使用反映产业竞争状况的另一指标CR20(即工业销售额前20名的企业的工业销售额占全行业的比重)重新进行回归分析。第(3)列与第(4)列汇报了该实证结果，发现无论是否添加控制变量，估计系数α_1、α_2、α_3均在1%的置信水平上显著，且与理论预期的符号相同，$|\alpha_1|$均大于$|\alpha_3|$表明竞争渠道作用方向不会发生反转，与前两列的实证结果类似，更加稳健地支撑了中间品贸易自由化影响企业出口产品质量的竞争渠道存在的结论。

表 4.4　　中间品关税的竞争渠道

	(1)	(2)	(3)	(4)
inputtariff	-0.000 (0.001)	-0.121*** (0.006)	-0.003*** (0.001)	-0.139*** (0.006)
HHI	-0.181 (0.163)	-5.576*** (0.874)		
inputtariff×HHI	0.066*** (0.015)	0.758*** (0.112)		
CR20			-0.159*** (0.035)	-0.520*** (0.159)
inputtariff×CR20			0.012*** (0.002)	0.114*** (0.017)
控制变量	否	是	否	是
行业效应	是	是	是	是
年份效应	是	是	是	是
出口目的国效应	是	是	是	是
观测值	1983360	946913	1983360	946913
R-squared	0.364	0.466	0.364	0.466

三、成本渠道与竞争渠道的共同作用

现将成本渠道和竞争渠道同时纳入分析框架，实证验证两个渠道的作用，并通过比较不同阶段两个渠道作用的大小，解释企业中间品关税与企业出口产品质量之间呈现非线性 U 形关系的原因。综合以上两节的模型设定，设定如下实证模型：

$$quality_{ijght} = \alpha_0 + \alpha_1 inputtariff_{it} + \alpha_2 importshare_{it} + \alpha_3 competition_{jt} + \alpha_4 inputtariff_{it} \times importshare_{it} + \alpha_5 inputtariff_{it} \times competition_{jt} + X_{it} + \sigma_j + \sigma_g + \sigma_t + \varepsilon_{it} \quad (4.43)$$

其中，下标 i 、j、g、h 和 t 含义与上文相同，交互项 $inputtariff_{it} \times importshare_{it}$ 用来验证成本渠道，交互项 $inputtariff_{it} \times competition_{it}$ 用来验证竞争渠道。符合预期时，系数 α_1 应显著为负，系数 α_4 应显著为负，系数 α_5 应显著为正。本节使用 2000—2006 年的中国制造业企业微观数据对公式(4.43) 进行实证检验，根据不同的产业竞争的指标分别汇报实证结果，具体如表 4.5 所示。

表 4.5　　　　**成本渠道与竞争渠道的共同作用**

	(1)	(2)	(3)	(4)
竞争程度衡量指标	HHI	HHI	CR20	CR20
inputtariff	0.002**	-0.128***	-0.002***	-0.147***
	(0.001)	(0.006)	(0.001)	(0.006)
importshare	1.964***	0.689***	1.975***	0.679***
	(0.026)	(0.062)	(0.026)	(0.062)
inputtariff×importshare	-0.091***	-0.012*	-0.092***	-0.012*
	(0.002)	(0.007)	(0.002)	(0.007)
competition	-0.916***	-7.610***	-0.373***	-0.662***
	(0.167)	(0.905)	(0.035)	(0.160)
inputtariff×competition	0.113***	1.010***	0.022***	0.127***
	(0.015)	(0.115)	(0.002)	(0.017)
控制变量	否	是	否	是
行业效应	是	是	是	是
年份效应	是	是	是	是
出口目的国效应	是	是	是	是
观测值	1980922	946211	1980922	946211
R-squared	0.372	0.468	0.372	0.468

表 4.5 的第(1)列和第(2)列汇报了使用赫芬达尔指数 HHI 衡量行业竞争程度的实证结果。如第(1)列所示，未添加控制变量时，估计系数 α_4 显著为负，估计系数 α_5 显著为正，符合预期，但中间品关税估计系数 α_1 符号与预测相反。第(2)列在添加控制变量后，估计系数 α_4 和 α_5 的符号仍与理论模型的预期吻合，中间品关税估计系数 inputtariff 符号由“正”变为“负”，所有估计系数符号与理论预期相符。表 4.5 的第(1)列和第(2)列的实证结果较好地验证了中间品贸易自由化影响企业出口产品质量两个渠道同时存在，且验证了两个渠道的作用方向变动情况。

表 4.5 的第(3)列和第(4)列是使用 CR20 衡量行业竞争程度的实证结果。与前两列相比，该实证更好地验证了理论预期结果。在未添加控制变量时，第(3)列的实证结果已与理论预期结果一致。在添加控制变量后，估计系数的显著性和符号仍完全符合理论模型的预期，表 4.5 的第(3)列和第(4)列的实证结果更好地验证了中间品贸易自由化影响企业出口产品质量两个渠道同时存在。

第七节　稳健性分析

一、基准回归的稳健性分析

为检验上文基准实证结果的可信性，本节将采用多种方式进行稳健性分析，验证中间品贸易自由化与企业出口产品质量确实存在 U 形关系。

(一)关税滞后一期

在指标说明部分已讨论了中间品关税的内生性问题，为稳妥起见，本节将企业中间品关税滞后一期，使用 2000—2006 年的详细企业微观数据对公式(4.39)重新进行估计。如表 4.6 的第(1)列所示，本节所关注的企业中间品关税 inputtariff 的估计系数 α_1 与二次项的估计系数 α_2 大小发生变化，但两者符号分别显著为负值与正值，与基准结果类似。虽然估计系数 α_1 与

α_2系数大小发生变化，但由两者决定的转折点 14. 286[0. 200/(2 * 0. 007)]与基准结果的转折点 13. 361 相差较小。该实证结果稳健地支撑了中间品贸易自由化与企业出口产品质量的 U 形关系的结论。

(二)不同标准化的产品质量

为避免质量标准化过程对基准分析实证结果的影响，本节采用不同的质量标准化过程，具体如下：

$$quality_{ijgt} = \frac{\ln(z_{ijgt}) - \min\ln(z_g)}{\max\ln(z_g) - \min\ln(z_g)} \tag{4.44}$$

采用公式(4. 44)中的企业出口产品质量，本节使用 2000—2006 年的详细企业微观数据重新对公式(4. 39)进行估计。表 4. 6 的第(2)列汇报了该实证结果，如理论模型的预测，估计系数 α_1与估计系数 α_2依然分别显著为负值与正值，与基准结果一致。该部分实证结果，稳健地支撑了基准实证结果，进一步支撑了中间品贸易自由化与企业出口产品质量呈 U 形关系的结论。

(三)不同的关税

为避免中间品关税指标的测量误差引起的内生性问题，本节采用上文中介绍的通过六位码计算的中间品关税重新进行分析，与基准实证结果进行比较，验证基准实证结果是否可靠。表 4. 6 的第(3)列汇报了该实证结果，本节所关注的企业中间品关税 inputtariff 的估计系数 α_1与二次项企业中间品关税平方 $inputtariff^2$的估计系数 α_2大小仅发生微小变化，与基准结果一致。使用六位码计算的中间品关税得到转折点为 13. 533，与通过基准实证结果计算得到的 13. 361 相差无几。使用不同关税的稳健性分析，同样也进一步支撑了中间品贸易自由化与企业出口产品质量的 U 形关系的结论。

表 4.6　　基准结果的稳健性分析

模型	(1)	(2)	(3)
	滞后一期关税	不同的质量标准	不同的关税指标
inputtariff	-0.200***	-0.029***	-0.406***
	(0.013)	(0.004)	(0.025)
$inputtariff^2$	0.007***	0.001***	0.015***
	(0.001)	(0.000)	(0.001)
outputtariff	0.059***	0.014***	0.066***
	(0.003)	(0.000)	(0.003)
tfp	1.442***	0.270***	1.442***
	(0.018)	(0.003)	(0.018)
其他控制变量	是	是	是
行业效应	是	是	是
年份效应	是	是	是
出口目的国效应	是	是	是
观测值	946913	946913	946913
R-squared	0.466	0.532	0.466

二、作用机制的稳健性分析

由于上文已充分分析了中间品贸易自由化影响企业出口产品质量的成本渠道，这里将使用多种方式对竞争渠道以及两渠道的混合作用进行稳健性分析，增强上文机制分析部分实证结果的可信性。

(一)竞争效应的稳健性分析

1. 不同的产业竞争指标

上文验证中间品贸易自由化影响企业出口产品质量的竞争渠道时，使用了赫芬达尔指数 HHI 与工业销售额排名前 20 的企业的工业销售份额

CR20衡量产业竞争程度。为验证市场竞争程度指标衡量误差是否会对中间品贸易自由化竞争渠道的实证结果造成较大影响，本部分将继续使用三个不同的产业竞争指标进行稳健性分析，该三个指标具体为工业生产总值排名前20的企业占行业的份额（CR20_value）、工业销售额排名前20%的企业的工业销售份额（pencent 20）和工业生产总值排名前20%的企业占行业的份额（pencent 20_value），结果如表4.7所示。

表4.7 **竞争渠道的稳健性分析（1）**

模型	（1）	（2）	（3）
竞争程度衡量指标	CR20_value	pencent20	pencent20_value
inputtariff	−0.139***	−0.189***	−0.181***
	（0.006）	（0.016）	（0.016）
competition	−0.570***	−0.606**	−0.443*
	（0.164）	（0.271）	（0.262）
inputtariff×competition	0.116***	0.149***	0.134***
	（0.017）	（0.029）	（0.029）
控制变量	是	是	是
行业、年份和出口目的国效应	是	是	是
观测值	946913	946913	946913
R-squared	0.466	0.466	0.466

表4.7展示了使用不同产业竞争指标的实证估计结果，inputtariff的估计系数α_1显著为负，inputtariff与产业竞争程度指标交互项的估计系数α_3显著为正，与表4.4的估计结果基本一致。以上实证结果，与上文验证竞争效应的实证结果基本一致，稳健地支撑了存在中间品贸易自由化对企业出口产品质量影响的竞争渠道的结论，也支撑了本章理论模型的解释。

2. 不同的中间品关税指标

上文验证中间品贸易自由化影响企业出口产品质量的竞争渠道时，使用了八位 HS 码计算的中间品关税，为避免中间品关税测算对实证结果的影响，下文进一步采用 HS 六位码计算的中间品关税进行分析，结果如表 4.8 所示。

如表 4.8 所示，使用不同中间品关税的实证估计结果中，inputtariff 的估计系数与交互项的估计系数均显著，且符号与预期符合，与表 4.4 的估计结果基本一致。以上实证结果，与上文验证竞争渠道效应的实证基本一致，稳健地支撑了存在中间品贸易自由化对企业出口产品质量影响的竞争渠道的结论，也支撑了本章理论模型的解释。

表 4.8　　竞争渠道的稳健性分析(2)

	(1)	(2)	(3)	(4)	(5)
竞争程度衡量指标	HHI	CR20	CR20_value	pencent20	pencent20_value
inputtariff	-0.103***	-0.117***	-0.117***	-0.164***	-0.158***
	(0.005)	(0.006)	(0.006)	(0.016)	(0.015)
competition	-4.311***	-0.401**	-0.370**	-0.465*	-0.330
	(0.882)	(0.161)	(0.157)	(0.264)	(0.255)
inputtariff×competition	0.564***	0.093***	0.094***	0.132***	0.120***
	(0.110)	(0.017)	(0.016)	(0.028)	(0.027)
控制变量	是	是	是	是	是
行业、年份和出口目的国效应	是	是	是	是	是
观测值	946913	946913	946913	946913	946913
R-squared	0.466	0.466	0.466	0.466	0.466

（二）成本渠道与竞争渠道共同作用的稳健性分析

1. 不同的产业竞争程度指标

本部分将继续使用三个不同的产业竞争指标对成本渠道与竞争渠道共同作用进行稳健性分析，具体结果见表 4.9。

表 4.9　　**成本渠道与竞争渠道共同作用的稳健性分析（1）**

	(1)	(2)	(3)
竞争程度衡量指标	CR20_value	pencent20	pencent20_value
inputtariff	-0.147***	-0.193***	-0.186***
	(0.006)	(0.016)	(0.016)
importshare	0.679***	0.679***	0.678***
	(0.062)	(0.062)	(0.062)
inputtariff×importshare	-0.012*	-0.012*	-0.012*
	(0.007)	(0.007)	(0.007)
competition	-0.716***	-0.618**	-0.478*
	(0.164)	(0.273)	(0.264)
inputtariff×competition	0.130***	0.147***	0.134***
	(0.017)	(0.030)	(0.029)
控制变量	是	是	是
行业、年份和出口目的国效应	是	是	是
观测值	946211	946211	946211
R-squared	0.468	0.468	0.468

如表 4.9 所示，使用此三个产业竞争指标的实证结果与表 4.5 的结果基本相符，因此交互项 inputtariff×importshare 的估计系数 α_4 应与中间品关税 inputtariff 的估计系数 α_1 符号相同，显著为负值，表明中间品贸易自由

化影响企业出口产品质量的成本渠道为正向促进作用。另外，估计系数 α_5 显著为正，符合预期，也与上文表 4.5 相符。以上实证结果，与上文验证竞争渠道效应的实证结果基本一致，稳健地支撑了中间品贸易自由化对企业出口产品质量影响的成本渠道和竞争渠道同时存在的结论。

2. 不同的中间品关税指标

同样，为避免中间品关税测算对实证结果的影响，下文也使用以 HS 六位码计算的中间品关税进行稳健性检验，见表 4.10，结果与表 4.5 的结果相似，进一步验证了成本渠道和竞争渠道同时存在的结论，同时也支撑了两渠道的共同作用使得中间品贸易自由化与企业出口产品质量呈现 U 形关系的理论解释。

表 4.10　**成本渠道与竞争渠道共同作用的稳健性分析(2)**

	(1)	(2)	(3)	(4)
中间品关税衡量指标	滞后一期关税	滞后一期关税	不同的关税指标	不同的关税指标
竞争程度衡量指标	HHI	CR20	HHI	CR20
inputtariff	-0.042^{***} (0.003)	-0.045^{***} (0.003)	-0.108^{***} (0.006)	-0.124^{***} (0.006)
importshare	0.672^{***} (0.059)	0.660^{***} (0.059)	0.639^{***} (0.063)	0.633^{***} (0.063)
inputtariff×importshare	-0.010 (0.006)	-0.009 (0.006)	-0.007 (0.007)	-0.006 (0.007)
competition	-5.409^{***} (0.708)	0.049 (0.106)	-5.878^{***} (0.914)	-0.499^{***} (0.157)
inputtariff×competition	0.706^{***} (0.087)	0.037^{***} (0.010)	0.747^{***} (0.113)	0.106^{***} (0.016)
控制变量	是	是	是	是

续表

	(1)	(2)	(3)	(4)
行业效应	是	是	是	是
年份效应	是	是	是	是
出口目的国效应	是	是	是	是
观测值	1980922	946211	1980922	946211
R-squared	0.372	0.468	0.372	0.468

3. 通过理论预测进一步验证和解释两渠道的共同作用

上文实证结果已较好地验证了中间品贸易自由化影响企业出口产品质量两个渠道同时存在，并通过两个渠道的作用方向以及作用大小比较完美地解释了中间品贸易自由化与企业出口产品质量呈现U形的机理。在上述结论成立时，中间品贸易自由化通过两渠道影响进口中间品企业出口产品质量的作用应该更强烈，下文通过此特征事实是否存在进一步验证中间品贸易自由化与企业出口产品质量呈现U形的机理的解释。

在既有理论模型与实证研究文献的基础上，设定如下实证模型：

$$\begin{aligned} quality_{ight} = {} & \alpha_0 + \alpha_1 inputtariff_{it} + \alpha_2 inputtariff_{it} \times import_{it} \\ & + \alpha_3 inputtariff_{it} \times competition_{it} + \alpha_4 inputtariff_{it} \\ & \times import_{it} \times competition_{it} + X_{it} + \sigma_j + \sigma_g + \sigma_t + \varepsilon_{it} \quad (4.45) \end{aligned}$$

当中间品贸易自由化通过两渠道影响进口中间品企业出口产品质量的作用更剧烈时，交互项 inputtariff × import × competition 的估计系数 α_4 应该为正，这是本部分主要关注的系数。此外，中间品关税 inputtariff 的估计的系数 α_1 应显著为负值，交互项 inputtariff × import 的估计系数 α_2 应显著为正值，交互项 inputtariff × competition 的估计系数 α_3 应显著为负值。

表 4.11　　成本渠道与竞争渠道共同作用的稳健性分析(3)

	(1)	(2)	(3)	(4)
竞争程度衡量指标	HHI	HHI	CR20	CR20
inputtariff	-0.008***	-0.129***	-0.002***	-0.132***
	(0.001)	(0.006)	(0.001)	(0.006)
inputtariff× import	0.025***	0.017***	0.013***	0.007***
	(0.000)	(0.000)	(0.000)	(0.000)
inputtariff×competition	-0.058***	0.003	-0.032***	0.036***
	(0.007)	(0.024)	(0.001)	(0.006)
inputtariff×import×competition	0.167***	0.105***	0.050***	0.038***
	(0.006)	(0.011)	(0.001)	(0.001)
控制变量	否	是	否	是
行业效应	是	是	是	是
年份效应	是	是	是	是
出口目的国效应	是	是	是	是
观测值	1983360	946913	1983360	946913
R-squared	0.374	0.469	0.375	0.470

表 4.11 的第(1)列和第(2)列分别汇报了使用赫芬达尔指数 HHI 衡量产业竞争程度的实证结果。在第(1)列中未添加控制变量，在 1%的置信水平下，中间品关税 inputtariff 的估计系数 α_1 和交互项 inputtariff× import 的估计系数 α_2 分别显著为负值和正值，交互项 inputtariff×import×competition 的估计系数 α_4 显著为正，符合预期。然而交互项 inputtariff×competition 的估计系数 α_3 显著为负值，与预期相悖。在第(2)列中，进一步添加控制变量后，估计系数 α_3 不显著，但变为正值，符合预期。上述实证结果表明中间品贸易自由化通过两渠道影响进口中间品企业出口产品质量的作用更剧烈，进一步验证了上文中间品贸易自由化与企业出口产品质量呈现 U 形的

解释。

表 4.11 的第(3)列和第(4)列分别汇报了使用 CR20 衡量产业竞争程度的实证结果。如表所示，后两列的实证结果与前两列的实证结果类似，并且添加控制变量后交互项 inputtariff×competition 的估计系数 α_3 显著为正值，估计参数 α_1 至 α_4 的符号和显著性全部符合预期。该实证结果，再一次验证了上文中间品贸易自由化与企业出口产品质量呈现 U 形的解释。

第八节 本章小结

本章在 Melitz & Ottaviano(2008)基本理论模型框架下，通过将产品质量引入代表性消费者的间接效用函数的方式，构建中间品贸易自由化影响企业出口产品质量的理论模型。在其他相关假设与设定的基础上，理论模型可推出以下研究结论：(1)中间品关税与企业出口产品质量之间不一定为简单线性关系，也可为非线性的 U 形关系。(2)中间品贸易自由化能降低企业进口成本，进而促使企业生产更高质量的产品，此为中间品贸易自由化影响企业出口产品质量的“成本渠道”。(3)中间品贸易自由化会导致产业竞争加剧，进而影响企业的出口产品质量，此为中间品贸易自由化影响企业出口产品质量的“竞争渠道”。(4)中间品贸易自由化影响企业出口产品质量的微观机制为以上两渠道共同作用的结果。(5)通过比较以上两渠道的作用方向和作用力大小，可解释中间品关税与中国制造业企业出口产品质量呈现非线性的 U 形关系的原因。(6)企业生产率对企业出口产品质量具有重要影响，高生产率的企业会出口更高质量的产品。

本章利用 2000—2006 年中国制造业企业数据考察中间品贸易自由化对企业出口产品质量的影响以及作用机制。通过包含中间品关税二次项的实证模型，本章发现入世后中间品关税与中国制造业企业出口产品质量呈非线性的 U 形关系，与理论模型预期相符。接下来，本章进一步验证中间品贸易自由化影响企业出口产品质量的微观作用机制，发现存在成本渠道和竞争渠道。除此之外，实证结果还发现两渠道的作用方向有所不同：成本渠道的作用方式始终为正向促进作用，竞争渠道的作用方向取决于中间品关税和市场竞争程度。通过比较以上两渠道，可解释入世后中国实施的中间品贸易自由化与企业出口产品质量呈现 U 形关系的原因。以上实证结果在考虑了中间品关税的测量误差和内生性问题后结论仍然稳健。

第五章
中间品贸易自由化与中国制造业企业加成率

第一节　引　言

过去的20年中，许多发展中国家都实施了降低关税和减少其他非关税措施的政策，提升自身的贸易自由化水平。中国也在2001年正式加入世界贸易组织后，开始履行承诺，大幅降低关税和减少非关税措施，尤其是重点降低了关键零部件等中间品的进口关税水平。这一政策的实施，为研究中间品贸易自由化对企业行为的影响提供了良好的条件。2010年中国出口额超越德国成为世界第一出口大国，而中国目前仍处在全球价值链的低端位置，在出口结构、产品增加值和产品质量等方面与德国等发达国家相比仍存在不小的差距，在全球贸易利益分配的大格局中还处于相对弱势的位置。加成率作为衡量企业定价和获利能力的关键指标，直接决定国家在国际贸易中的收益和国家福利水平，因此如何制定并实施提升企业加成率的政策对一国非常重要，尤其是在技术、出口结构等方面落后的发展中国家。因此，本章以2001年中国入世的进口关税削减这一契机考察中间品贸易自由化政策对中国制造业企业加成率的影响，为评估该中间品贸易自由化政策效果做出些许的贡献。

尽管在异质性框架下企业加成率的研究近些年才刚刚兴起，但由于企业加成率问题的重要性，目前已有不少文献从不同视角研究企业加成率。首先，行业某些内在属性会对该行业内企业加成率产生重要影响，该类研究认为行业内的产品替代弹性(Atkeson & Burstein, 2008)、市场竞争(Tybout, 2003; Konings et al., 2005; Melitz & Ottaviano, 2008)、产业集聚(Lu et al., 2012)等行业内在属性对企业加成率有影响。其次，部分学者研究政府政策对企业加成率的影响，这些政策主要有反倾销(Konings & Vandenbussche, 2005)、产品创新(刘啟仁，黄建忠，2016)、国有企业改制(盛丹，2013)和补贴政策(任曙明，张静，2013)。最后，部分文献研究生产率异质性对产品加成率影响，主要结论为生产率越高的企业的加成率也越高(Melitz & Ottaviano, 2008; Arkolakis et al., 2015; Fan et al., 2015b; Liu & Ma, 2015)。

然而从贸易自由化视角研究企业加成率的研究相对较少，从中间品贸易自由化视角研究企业加成率变动的文献则更少。Blonigen et al. (2007)使用美国钢铁产业数据区分了进口配额和关税削减对企业加成率的不同作用，研究发现进口配额对美国钢铁企业加成率具有显著作用，而关税削减对美国钢铁企业加成率无显著作用，表明不同类型的贸易自由化政策对加成率的作用不同。Noria(2013)使用 1994—2003 年的墨西哥企业数据研究北美自由贸易协定对墨西哥企业加成率的影响，研究发现贸易自由化对加成率的作用与行业的初始关税税率紧密相关。较少文献探讨中间品贸易自由化对企业加成率的作用机制。Liu & Ma(2015)使用中国制造业企业数据，验证了中间品贸易自由化对进口企业和非进口企业加成率的差异化作用，以及中间品贸易自由化对企业加成率的作用与其行业市场结构紧密相关。Fan et al. (2015b)通过建立理论模型定义企业的边际生产成本，并用 2000—2006 年中国制造业企业数据进行实证验证，证实了中间品贸易自由化对企业加成率作用的成本渠道。

入世后中国实施的中间品贸易自由化政策能否促进企业加成率，中间品关税与企业加成率是否为简单的线性关系？中间品贸易自由化通过何种途径或者渠道影响企业加成率？针对这些问题，本章给出的答案与以往文献有所不同。首先，中间品关税与企业加成率可以为线性关系，也可以是 U 形关系，取决于初始中间品关税的高低；其次，中间品贸易自由化政策影响企业加成率的途径主要有成本渠道和竞争渠道，分析两个渠道的作用方向以及作用大小能够解释中间品关税与企业加成率呈现U形关系的结论；最后，中间品贸易自由化政策可以促进企业加成率，但也可能抑制企业加成率，这取决于中间品贸易自由化的两个影响渠道的综合作用结果。为回答这些问题，本章将在前人基础上建立理论模型，并使用中国2000—2006年中国企业微观数据进行实证分析。本章可能的贡献主要有：第一，在前人理论基础上建立同时纳入异质性企业、中间品进口、产品质量和加成率的理论模型，得到中间品关税与企业加成率既可能是简单的线性关系也可能是U形关系的结论，并通过特征事实分析与实证分析首次发现入世后中间品关税与中国制造业企业加成率呈现非线性的U形关系。第二，系统阐述入世后中间品贸易自由化影响中国制造业企业加成率的作用机理，从成本渠道和竞争渠道两个视角提出了中间品贸易自由化影响企业加成率的具体机制。第三，通过对比成本渠道和竞争渠道的作用方向和强度，分析出中间品贸易自由化影响企业加成率的总体作用方向，进而解释了中国实施中间品贸易自由化政策后企业加成率呈现U形关系的原因。

本章余下的安排如下：第二部分为特征事实分析；第三部分介绍企业加成率的测算框架和数据说明；第四部分建立待检验的计量模型，并使用中国制造业微观数据验证中国中间品贸易自由化与企业加成率是否呈现U形关系；第五部分检验成本渠道和竞争渠道是否存在和两渠道的共同作用。第六部分是稳健性检验；最后为本章小结。

第二节　验证中间品关税与企业加成率之间关系

上文已通过特征事实分析简略说明了中间品贸易的重要作用和入世后中国中间品关税的削减情况，因此在本节将使用2000—2006年高度细化的中国企业微观数据，重点描述入世后中间品关税与中国制造业企业加成率之间关系的特征事实。

为直观观察中间品关税与企业加成率是否为非线性关系，本节绘制了中间品关税与中国制造业企业加成率的散点图。如图 5.1 所示，中间品关税与企业加成率呈现 U 形关系，转折点时的中间品关税约为 24%。如果入世前某行业初始关税高于转折点时的中间品关税水平，中间品贸易贸易自由化时起初会降低中国制造业企业加成率，关税继续下降到临界点以下时，中间品贸易贸易自由化将促使中国制造业企业获得更高加成率。

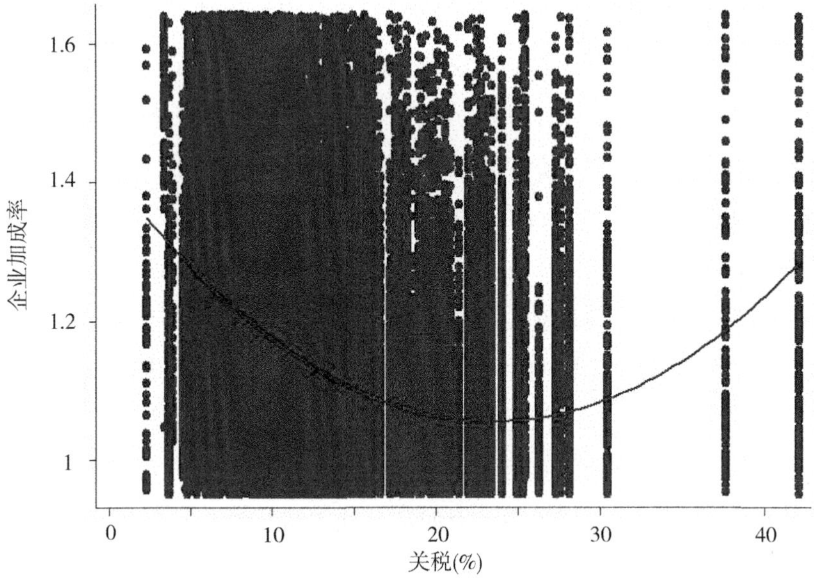

图 5.1 中间品关税与企业加成率的散点图

第三节 理论模型

一、消费者行为

代表性消费者的效用函数设定与第四章设定相同，可推导出代表性消费者对差异化产品 i 的需求函数，具体为：

$$p_i = \alpha - \gamma q_i^c + \beta z_i - \eta Q^c \tag{5.1}$$

其中 $Q^c = \int_{i\in\Omega} q_i^c \mathrm{d}i$，是所有差异化商品的消费量总和。相对于同质化商品，参数 α 和参数 η 代表代表性消费者对差异化商品的偏好程度。参数 α 越大和参数 η 越小，代表性消费者越偏好差异化商品。参数 γ 和参数 β 越大，差异化商品之间的差异程度越大，参数 β 反映代表性消费者对差异化产品质量的偏好。假定经济体中的总人口为L，加总式(5.1)中代表性消费者的需求可得到差异化产品 i 的市场需求函数：

$$q_i \equiv Lq_i^c = \frac{\alpha L}{\eta N+\gamma} - \frac{L}{\gamma}p_i + \frac{L\beta}{\gamma}z_i + \frac{\eta N}{\eta N+\gamma}\frac{L}{\gamma}\bar{p} - \frac{\eta N\beta}{\eta N+\gamma}\frac{L}{\gamma}\bar{z}, \quad \forall i \in \Omega^* \tag{5.2}$$

其中 N 是差异化产品的种类总数(即企业数量)，平均价格 $\bar{p} = (1/N)\int_{i\in\Omega^*} p_i^c \mathrm{d}i$，平均产品质量 $\bar{z} = (1/N)\int_{i\in\Omega} z_i \mathrm{d}i$ 。其中，消费集 Ω^* 需满足条件 $q^i > 0$，此时产品价格需符合以下条件：

$$p_i \leqslant \frac{\gamma\alpha + \eta N\bar{p} - \eta N\beta\bar{z}}{\eta N+\gamma} + \beta z_i \equiv p_{\max} \tag{5.3}$$

其中，$p_{\max}$ 表示代表性消费者在产品质量为 z_i 时所能接受的最大产品价格。此表达式说明代表性消费者所愿支付的最高价格与产品质量直接相关，产品质量越高时，代表性消费者所愿支付的最高价格越高。当某种类的差异化商品的市场价格高于 $p_{\max}$ 时，代表性消费者的需求为零。也就是说生产企业的产品定价不能高于 $p_{\max}$，否则生产企业将会退出市场。

为了衡量消费者的福利变化，根据上文中的需求函数，求出代表性消费者的间接效用函数：

$$U = I^c + \frac{1}{2}\left(\eta + \frac{\gamma}{N}\right)^{-1}(\alpha + \beta\bar{z} - \bar{p})^2 + \frac{1}{2}\frac{N}{\gamma}\sigma_p^2 + \frac{2\beta^2(\gamma+\eta N) - \gamma\beta^2 N}{2(\gamma+\eta N)}\sigma_z^2 + \frac{\beta(\alpha+\beta\bar{z}-\bar{p})}{\gamma+\eta N} - \frac{\beta}{\gamma}\tau \tag{5.4}$$

其中，I^c 为代表性消费者的收入，τ 为产品质量与产品价格的相关系数，$\sigma_p^2 \equiv \frac{1}{N}\int_{i\in\Omega}(p_i - \bar{p})\mathrm{d}i$ 和 $\sigma_p^2 \equiv \frac{1}{N}\int_{i\in\Omega}(z_i - \bar{z})\mathrm{d}i$ 分别是差异化商品价格的方

差和质量的方差。假定 $I^c > \int_{i\in\Omega} p_i q_i^c \mathrm{d}i$，从而保证消费者同质化商品的需求量大于零。由代表性消费者的间接效用函数表达式可得以下结论：首先，产品种类 N 越多，代表性消费者的间接效用越大，福利水平越高，即以往经典文献的种类福利效应（Melitz，2003；Melitz & Ottaviano，2008）；其次，产品的平均价格 $\bar{p}$ 越低，代表性消费者的间接效用越大，福利水平越高，这是厂商之间竞争加剧导致产品的平均价格 $\bar{p}$ 下降增加消费者福利水平的竞争福利效应（Melitz & Ottaviano，2008）；最后，本章通过将产品质量引入代表性消费者的直接效用，既可以分析以上两种类型的福利效应，也可以分析调整产品质量影响消费者福利水平的质量福利效应。质量福利效应在以往文献中较少被重视，虽然 Antoniades（2015）和 Ludema & Yu（2016）将质量引入 Melitz & Ottaviano（2008）的直接效应函数，但两人未详细介绍和强调质量福利效应。具体而言，在式（5.4）中，代表性消费者消费的差异化商品平均质量越高，消费者的福利水平越高，这也与现实中的直观感受一致。

二、生产者行为

假设国内生产存在两个经济部门：中间品生产部门与最终品生产部门。中间品生产部门中唯一投入要素是劳动，生产同质性中间品，市场结构为完全竞争市场。最终品生产部门生产如 Melitz & Ottaviano（2008）中的差异化商品，企业进入市场前需承担沉没成本 f_E 且不清楚自身的边际生产成本。进入市场后，生产企业知晓自身的边际成本 mc 后，再决定是否退出市场或者继续生产。设定边际成本 mc 为一个随机变量，定义域为 $[0, c_M]$。进入市场后继续生产差异化产品 i 的企业的成本函数为：

$$\mathrm{TC}_i = q_i c_i + q_i \delta z_i + \theta\,(z_i)^2 \tag{5.5}$$

其中，式（5.5）中的第一部分“$q_i c_i$”为企业生产的可变成本，反映由于数量增加引致的可变成本，因此下文中统称 c_i 为数量边际成本。区别于 Melitz & Ottaviano（2008），本章生产差异化产品 i 的企业不再唯一使用劳动作为生产要素，而是同时使用劳动、国内中间品和进口中间品进行生产。假定生产差异化产品 i 企业的数量边际成本的函数形式为：

$$c = \varphi_i^{-1}(w^L + \beta w^M + \gamma w_A^M) \tag{5.6}$$

其中 w_A^M 为使用进口中间投入的单位成本，为中间品关税 τ_{in} 的增函数。企业的全要素生产率 φ 越高、进口中间投入的单位成本越低时，企业的数量边际成本 c_i 越小。

式(5.5)中的第二部分"$q_i \delta z_i$"反映生产过程由调整产品质量引致的可变成本，质量调整参数 δ 为调高一单位质量时增加的边际成本。式(5.5)中的第三部分为与生产产品数量无关的成本，与企业的产品质量和所在行业的研发参数 θ 正相关。

通过差异化产品 i 企业的成本函数，可得出边际成本 $\mathrm{mc}_i = c_i + \delta z_i$。该成本由两部分组成：与 Melitz & Ottaviano(2008)中一致的边际成本 c_i(下文均简称数量边际成本①)和与质量升级相关的部分 δz_i(下文均简称质量边际成本)。

已知式(5.2)中的差异化商品 i 的市场需求函数，将市场中的企业数量 N、市场平均价格 $\bar{p}$、和平均产品质量 $\bar{z}$ 视为给定时，进入市场后决定继续生产的企业 i 的利润函数为：

$$\pi = [\alpha - \gamma q_i^c / L + \beta z_i - \eta Q^c] * q_i - [q_i c_i + q_i \delta z_i + \theta (z_i)^2] \tag{5.7}$$

企业利润最大化的一阶条件是：

$$q(c_i,\ z_i) = \frac{L}{2\gamma}(\alpha - \eta Q^c + \beta z_i - \delta z_i - c_i) \tag{5.8}$$

如同与 Melitz & Ottaviano(2008)的做法，定义 $c_D \equiv \alpha + \eta Q^c$，表示企业所能设定的最大的数量边际成本。只有当企业的边际成本 $c_i < c_D$ 时，产品销售量 $q(c_i,\ z_i)$ 才会大于或者等于0，否则企业将被迫退出市场。当生产企业处于是否生产的临界状态时，企业最优产品质量为零。为保证产品

① 称为数量边际成本仅为与质量边际成本区分开，并非指此部分边际成本与企业的产量有关。

销售量 $q(c_i,\ z_i)$ 大于或者等于 0，企业所能设定的最高的产品价格为 $(\gamma\alpha + \eta N\bar{p} - \eta N\beta\bar{z})/(\eta N + \gamma)$，恰好等于消费者在产品质量为零时所能接受的最大产品价格 $p_{\max}$。因此，在下文中本章将 c_D 统一称为临界边际生产成本。

将产量 $q(c_i,\ z_i)$、价格 $p(c_i,\ z_i)$ 以及利润 $\pi(c_i,\ z_i)$ 分别表示为数量边际成本 c_i、临界边际成本 c_D 和质量 z_i 的函数：

$$q(c_i,\ z_i) = \frac{L}{2\gamma}(c_D - c_i) + \frac{L}{2\gamma}(\beta - \delta)z_i \tag{5.9}$$

$$p(c_i,\ z_i) = \frac{1}{2}(c_D + c_i) + \frac{1}{2}(\beta + \delta)z_i \tag{5.10}$$

$$\pi(c_i,\ z_i) = \frac{L}{4\gamma}[(c_D - c_i) + (\beta - \delta)z_i]^2 - \theta z_i^2 \tag{5.11}$$

企业选择最优的产品质量 $z*$ 使得利润最大化的一阶条件为：

$$z_i^* = \lambda(c_D - c_i) \tag{5.12}$$

其中，λ 是行业的质量参数，具体表达式为 $\lambda = L(\beta - \delta)/[4\theta\gamma - L(\beta - \delta)^2]$。为了保证质量为正，本章假定 $4\theta\gamma > L(\beta - \delta)^2$ 和 $\beta > \delta$。参照 Melitz & Ottaviano(2008) 的做法，本章定义加成率 $\mu(c_i,\ z_i)$ 为价格 $p(c_i)$ 和边际成本的偏离程度，即 $\mu(c_i,\ z) = p(c_i,\ z) - \mathrm{mc}_i$。将式(5.12)代入加成率 $\mu(c_i,\ z_i)$ 的表达式，得到：

$$\mu(c_i,\ z) = \frac{1}{2}[1 + (\beta - \delta)\lambda](c_D - c_i) \tag{5.13}$$

由于 $\beta > \delta$，从而保证 $1 + (\beta - \delta)\lambda > 0$。通过表达式，可直接观察出行业质量参数 λ 随着市场规模 L、参数 β 或者参数 γ 增大而增大，随着参数 δ 和行业研发参数 θ 的增加而减小。式(5.12) 中企业加成率取决于以下三个部分：行业质量参数 λ、临界边际成本 c_D 和数量边际成本 c_i。其中，行业质量参数 λ 和数量边际成本 c_i 已有明确表达式，因此需明确表达临界边际成本 c_D 的表达式，才能分析中间品贸易自由化对企业加成率作用的渠道。

这里利用企业的自由进入条件求得临界边际成本 c_D 的表达式。当进入某一行业有利可图时，企业就会进入市场，直到进入该市场获得的期望收益与需负担的沉没成本相同，即满足下面条件时企业不再进入该行业：$\int_0^{c_D}\pi(c_i, z)\mathrm{d}G(c)-f_E=0$。首先，参照Melitz & Ottaviano(2008)的做法，假定边际成本倒数$1/c_i$服从帕累托分布，$G(c_i)=(c_i/c_k)^k$，$c\in[0, c_M]$，$k\geqslant 1$。可得：

$$c_D=\left\{\frac{2\gamma c_m^k(k+1)(k+2)f_E}{[1+(\beta-\delta)\lambda]L}\right\}^{\frac{1}{k+2}} \tag{5.14}$$

从上式可以看出，假定其他参数不变，中间品贸易自由化使得行业规模L增大时，行业的质量参数λ变大，进而降低临界生产成本c_D。此外，通过式(5.13)可知，生产率更高的企业会设定更高的加成率。

由式(5.13)可知，中间品关税τ_{in}降低可通过以下两个渠道影响企业加成率。第一个渠道为成本渠道，即降低中间品关税τ_{in}将直接降低企业的数量边际成本c_i，进而提高企业加成率。第二个渠道为竞争渠道。中间品关税τ_{in}使行业规模L增大时，将提高行业质量参数λ，降低临界生产成本c_D。其他参数不变时，提高行业质量参数λ和降低临界生产成本c_D将会分别提升和降低企业加成率。竞争渠道对企业最优产品质量既存在正向促进作用也存在负向抑制作用，作用方向不确定。但存在中间品关税τ_{in}满足以下条件时：

$$\exists\,\tau_{\text{in}},\frac{\partial\mu}{\partial\tau_{\text{in}}}=0\ \text{且}\ \frac{\partial^2\mu}{\partial\tau_{\text{in}}{}^2}>0 \tag{5.15}$$

中间品贸易自由化政策的作用方向是先负向抑制后正向促进。起初中间品贸易自由化使行业规模L增大，竞争渠道对企业产品质量的总体作用表现为负向抑制作用，且大于成本渠道的正向作用，然而竞争渠道的作用边际递减。当竞争渠道的负向作用小于成本渠道的正向作用时，该政策转为总体提升企业的产品质量。

在以往文献中，尚未发现同时分析以上渠道影响企业最优产品质量的文献，仅有一些文献分析了个别渠道。张杰(2015)用实证分析方法得出市场竞争促进企业出口产业升级的结论，涉及了竞争渠道的正向促进作用，并未指出市场竞争可能起到负向抑制作用。Antoniades(2015)通过理论模型得出了可分析竞争渠道影响企业最优产品质量的表达式，但并未强调和分析竞争渠道影响企业最优产品质量的正向促进作用和负向抑制作用。本章的理论框架可以分析降低企业中间品投入成本政策如何通过成本渠道和竞争渠道影响企业的最优产品质量。

综合以上表达式，可得到以下命题：

命题1：给定其他参数不变，如果之前中间品关税较高，中间品贸易自由化过程前期竞争渠道将主导总体作用，后期成本渠道主导总体作用，那么中间品贸易自由化过程中中间品关税与企业加成率之间为非线性U形关系；如果之前中间品关税已足够低，成本渠道始终主导中间品贸易自由化的总体作用，实施中间品贸易自由化后中间品关税与企业加成率之间将为线性负相关关系。

命题2：其他参数不变时，生产率更高的企业将会设定更高的加成率。

第四节　变量指标测算和数据说明

一、企业加成率的测算

由于企业加成率不可观测，因此产业经济和国际贸易学均重视企业加成率的测算。目前测算企业加成率的方法主要分为会计方法和生产函数法，会计方法核算企业加成的理论基础完全忽略宏观经济政策、经济周期等外部冲击对企业增加值、中间投入合计和企业应付工资总额三个指标的影响，因此本章认为使用会计方法测算中国制造业企业加成率将会存在较大的误差，原因为中国政府出台的政策对企业具有重要影响，还有中国企业的企业雇用行为存在非市场化行为①。De Loecker & Warzynski(2012)借

① 国有企业中由于存在编制，其雇用劳动力和支付工资等行为并非完全依据企业利润最大化目标，其企业行为与其他企业行为存在较大差异，因此使用会计方法测算国有企业加成率可能存在较大偏差。

鉴估计全要素生产率的生产函数估计法，无需考虑企业的市场结构和需求结构，使用企业层面的价格和产出数据可直接测算企业加成率，能更能准确估计企业的加成率。考虑中国制造业企业的特殊性，本章在 De Loecker & Warzynski(2012)测算方法的基础上进行小幅改进，可准确计算企业的加成率。具体说明如下：

由 De Loecker & Warzynski(2012)测算加成率的理论模型可推出，某一年份 t 中成本最小化的生产企业 i 的加成率 μ_{it} 等于某种可变投入的产出弹性 θ_{it} 除以该类可变投入成本占企业总收益的份额 α_{it}，即估计企业加成率的基本公式：

$$\mu_{it} = \frac{\theta_{it}}{\alpha_{it}} \tag{5.16}$$

通过上式可知，得知某种可变投入的产出弹性 θ_{it} 和该类可变投入成本占企业总收益的份额 α_{it} 后，即可计算得到企业加成率。接下来自然想到的是，需使用何种可变要素测算企业加成率？企业在现实生产过程中通常使用劳动、资本和中间品等可变成本，De Loecker & Warzynski(2012)选取了劳动作为可变投入测算了斯洛文尼亚企业加成率，那么测算中国制造业企业加成率时是否也可以使用劳动或者资本作为可变投入来测算呢？目前确实有些文献使用劳动测算了中国制造业企业加成率，本章认为选取劳动或者资本作为可变投入来测算的企业加成率将会存在较大误差，原因为：中国对资本市场和劳动市场监管较为严格并且资本市场和劳动市场存在较为严重的资源错配(Hsieh & Klenow, 2009)，尤其是国有企业。国有企业由于存在编制等用人体制限制在雇用人员、工资发放等行为上表现出较强的非市场化行为。还有，国有企业更容易获得银行贷款，将导致选取劳动或者资本作为可变投入要素测算中国企业加成率存在较大误差。由于中国企业使用中间品行为基本为市场化操作，因此本章与 Lu & Yu(2015)等文献做法相同，选取中间品作为可变投入要素来测算中国企业加成率。

通过中国工业企业数据库中相关指标可计算中间品投入成本占企业总

收益的份额 α_{it}；而中间品产出弹性 θ_{it} 不可观测，因此准确无误的测算中间品产出弹性 θ_{it} 将成为估计企业加成率的关键。参照 De Loecker & Warzynski (2012)的生产函数，本章将企业生产函数设为以下形式：

$$Q_{it} = F_t(L_{it}, K_{it}, M_{it})\exp(\varphi_{it}) \tag{5.17}$$

其中，Q_{it} 为 t 年企业 i 的产出(物理单位)，φ_{it} 为企业 i 在 t 年的生产率对数，L_{it}、K_{it} 和 M_{it} 分别表示 t 年企业 i 使用的劳动、资本与中间品数量，取对数得到：

$$q_{it} = f_t(l_{it}, k_{it}, m_{it}) + \varphi_{it} \tag{5.18}$$

其中，$f_t(l_{it}, k_{it}, m_{it})$ 为企业物理产出 Q_{it} 的对数，与此类似，l_{it}、k_{it} 和 m_{it} 分别代表企业 i 使用的劳动、资本与中间品数量的对数。假定 $f_t(l_{it}, k_{it}, m_{it})$ 为 l_{it}、k_{it} 和 m_{it} 的超越对数形式，代入上式可得：

$$\begin{aligned} q_{it} = {} & \beta_l l_{it} + \beta_k k_{it} + \beta_m m_{it} + \beta_{ll} l_{it}^2 + \beta_{kk} k_{it}^2 + \beta_{mm} m_{it}^2 \\ & + \beta_{lk} l_{it} k_{it} + \beta_{lm} l_{it} m_{it} + \beta_{km} k_{it} m_{it} + \beta_{lkm} l_{it} k_{it} m_{it} + \varphi_{it} + \varepsilon_{it} \end{aligned} \tag{5.19}$$

上式中，ε_{it} 为随机干扰项，所有小写字母为对应变量物理单位数量的对数。然而中国工业企业数据库中仅有劳动的物理单位数量，其他单位均以货币(人民币)计价，因此本章参照 Brandt et al. (2012) 和 Lu & Yu (2015)等做法使用行业价格平减指数处理此问题。本章将测算中国制造业企业加成率的过程分为两步进行简单介绍，具体内容如下：

第一步，采用非参数方法估计企业生产函数。正如 Olley & Pakes (1996)与 Levinsohn & Petrin(2003)所说，由于企业往往根据自身生产率 φ_{it} 选择投入的数量，直接对上式进行 OLS 回归将会因为内生性问题导致等式右边的系数估计有偏且非一致，进而错误估计企业中间投入的产出弹性和企业加成率，因此，本章参照结构生产函数估计的做法(Olley & Pakes, 1996；Levinsohn & Petrin, 2003；Ackerberg et al., 2015)，将生产率 φ_{it} 表示为：

$$\varphi_{it} = h_t(k_{it}, m_{it}, e_{it}, \mathrm{wto}_{it}) \tag{5.20}$$

其中，e_{it} 代表企业是否出口的虚拟变量，wto_{it} 表示是否入世的虚拟变量，

加入 e_{it} 和 wto_{it} 是为控制出口和加入世贸组织对企业生产率的影响。

第二步，根据企业生产率的变动过程假定测算中间品的产出弹性。参照结构生产函数的生产率设定，本章假设企业生产率 φ_{it} 服从一阶马尔可夫过程：

$$\varphi_{it} = g_t(\varphi_{it-1}, \overline{\varphi}_{it-1}) + \xi_{it} \tag{5.21}$$

其中，$\overline{\varphi}_{it-1}$ 为影响企业退出市场的生产率下限，ζ_{it} 代表影响研发等冲击引起的随机干扰项。该式表明企业当期的生产率取决于上一期生产率水平和企业退出市场的生产率下限。Olley & Pakes (1996) 与 Levinsohn & Petrin (2003) 指出企业进入下一期继续生产需满足一定的条件，即企业生产率需要高于企业退出市场的生产率下限，估计生产函数如果不控制生产率下限将会产生“样本选择性偏差”。为了控制该偏误，本章用企业生存概率替代生产率下限引入上式中的企业生产动态变化过程。估计企业生存概率 P_{it} 的过程如下：

$$P_{it} = \psi(k_{it-1}, m_{it-1}, e, \mathrm{wto}) + \nu_{it} \tag{5.22}$$

使用二阶多项式的非参方法对上式中的函数进行拟合，可得到企业生存概率 P_{it} 的估计值。将企业生存概率 P_{it} 替换生产率下限 $\overline{\varphi}_{it-1}$ 并代入式 (5.21) 得到：

$$\varphi_{it} = g_t(\varphi_{it-1}, P_{it}) + \xi_{it} \tag{5.23}$$

根据式(5.19) 和式(5.20)，可到生产率 φ_{it} 的表达式：

$$\varphi_{it} = \widehat{\Phi_{it}} - f_t(l_{it}, k_{it}, m_{it}; \beta) \tag{5.24}$$

其中，$\widehat{\Phi_{it}}$ 为一阶段产出的预测值，β 为向量组(β_l, β_k, β_m, β_{ll},, β_{kk}, β_{mm}, β_{lk}, β_{lm}, β_{km}, β_{lkm})。得到生产率 φ_{it} 的表达式后，本章对式 (5.23) 回归并得到生产率随机干扰项 $\zeta_{it}(\beta)$ 的表达式。参照 De Loecker & Warzynski (2012) 设置的矩条件，假定生产率随机干扰项 $\zeta_{it}(\beta)$ 与当期的资本、滞后的劳动和中间投入不相关，具体为：

$$E\left[\xi_{it}(\beta)\begin{pmatrix} l_{it-1} \\ k_{it} \\ m_{it-1} \\ l_{it-1}^2 \\ k_{it}^2 \\ m_{it-1}^2 \\ l_{it-1}k_{it} \\ l_{it-1}m_{it-1} \\ k_{it}m_{it-1} \\ l_{it-1}k_{it}m_{it-1} \end{pmatrix}\right] = 0 \tag{5.25}$$

根据上述矩条件估计出 β 为向量组的估计值后①，即可计算中间品的产出弹性。根据式(5.23)中企业加成率基础计算式，使用估计出的中间品产出弹性和通过数据直接计算得出的中间品支出份额即可测算中国制造业企业的加成率。

二、数据说明

本章使用 2000—2007 年中国工业企业数据库测算企业加成率。中国工业企业数据库是由中国国家统计局负责统计的年度企业微观数据集，该数据主要统计两种类型的企业：第一种类型企业是中国全部的国有工业企业；另一种企业类型为企业规模在 500 万元以上的私有工业企业，即规模以上的非国有工业企业，统计基本单位为企业法人。该数据库包括关于企业财务的 100 多个财务指标，包含企业的大量财务信息。该数据库有统计期限较长、财务指标多和大样本等优点，因此目前学术界已大量使用该数

① 初始值的设定对矩条件估计结果有重要影响。De Loecker & Warzynski(2012)等使用零值向量组作为初始值，本章采用了(5.19)式的 OLS 估计值作为初始值，能更准确地估计企业加成率。

据库做学术研究。然而中国工业企业数据库的原始数据存在一些问题，例如指标缺失、指标存在大量异常值等，数据质量不满足学术研究的要求，因此需对中国工业企业数据库原始数据进行适当处理。本章对中国工业企业数据库的处理方法与第三章相同，在此不再赘述。通过本章测算加成率方法计算得到企业加成率后，为剔除异常值，删除了上下 1% 的企业观测值。

本章使用的企业中间品关税计算需使用 2000—2006 年的中国海关数据库。该数据库为中国海关统计的月度数据，统一了企业进出口时的 HS 八位代码、贸易方式、进口国或出口目的国等信息。本章需做以下处理：(1)仅保留进口观测值；(2)由于中间贸易商的商品并非企业自身生产，所以参照 Ahn et al. (2011) 的做法，根据企业名称中是否包含“进出口”“贸易”“外贸”“外经”“经贸”“工贸”和“科贸”关键字判断企业是否为中间商，剔除包含以上关键字的样本观测值。

本章验证影响渠道时需同时使用中国工业企业库与中国海关数据库，需将两个数据库进行匹配，匹配方法与第三章相同，即使用企业名称、邮政编码和电话号码等信息匹配。此外，本章使用的关税数据来源同样与第三章相同，Tariff Download Facility 数据库未提供中国 2000 年 HS 六位码的关税数据，本章使用 1997 年的关税税率替代 2000 年的税率水平。由于中国关税水平在 1997—2000 年间变动较小，因此该做法已被大量学者应用和学界接受。

第五节 基准分析

本章在既有理论模型与实证相关文献的基础上，构建如下实证模型：

$$\text{Markup}_{it} = \alpha_0 + \alpha_1 \text{inputtariff}_{it} + \alpha_2 \text{inputtariff}_{it}{}^2 + X_{it} + \sigma_i + \sigma_t + \varepsilon_{it} \tag{5.26}$$

其中，Markup_{it} 为企业加成率的对数，控制变量包括：企业最终品关税、企业全要素生产率、企业规模、资本劳动比、企业年限、外商投资企业类型、港澳台投资企业、赫芬达尔指数和企业出口虚拟变量。根据理论模型的预测，当企业中间品关税与企业加成率之间存在非线性U形关系时，估计系数 α_1 应显著为负值，估计系数 α_2 应显著为正值。参见表5.1。

表5.1　　控制变量的定义和说明

控制变量	缩写	测算方法
全要素生产率	tfp	同表4.1
企业最终品关税	outputtariff	同表4.1
企业规模	size	同表4.1
资本劳动比	KL	同表4.1
企业年限	age	同表4.1
港澳台投资企业	gat	同表4.1
外商投资企业	foreign	同表4.1
赫芬达尔指数	HHI	同表4.1
企业出口虚拟变量	export	当出口交货值大于零时，取值为1

本章使用2000—2006年的企业微观数据对公式(5.26)进行估计，主要估计结果在表5.2中展示。第(1)列同时控制了企业固定效应与年份固定效应，未添加控制变量，所关注的企业中间品关税inputtariff的估计系数 α_1 显著为负，二次项的估计系数 α_2 显著为正，表明企业中间品关税与企业加成率之间存在非线性U形关系。第(2)列进一步控制了企业的全要素生产率，估计系数 α_1 和 α_2 的符号与显著性未发生变化。全要素生产率的估计系数显著为正值，表明生产率更高的企业将会设定更高的加成率，验证了理论模型的结论。第(3)列又进一步控制了其他控制变量，估计系数 α_1、α_2 和全要素生产率的符号与显著性均未发生变动。中间品关税与中国制造业企业加成率的非线性U形关系说明入世前中国某行业内的企业中间品关税足够高时，中间品贸易自由化首先使该行业中的企业设定更低的加成率，当中间品关税降至临界值后中间品贸易自由化会促进这些企业设定更

高的加成率。如果入世前中国某行业内的企业中间品关税已较低，低于转折点处的关税水平时，中间品贸易自由化会提升企业加成率，此为 Fan et al.（2015b）研究的特定情形，这是因为 Fan et al.（2015b）将两者的关系视为“线性关系”，而该情形为本章“非线性 U 形关系”的某一阶段。

表 5.2　**基准结果**

	（1）	（2）	（3）
inputtariff	-0.051*** （0.000）	-0.029*** （0.000）	-0.023*** （0.000）
$inputtariff^2$	0.001*** （0.000）	0.001*** （0.000）	0.001*** （0.000）
tfp		0.559*** （0.001）	0.645*** （0.002）
outputtariff			-0.002*** （0.000）
size			-0.012*** （0.001）
KL			0.003*** （0.000）
age			-0.000 （0.000）
gat			0.009*** （0.004）
foreign			0.015*** （0.004）
HHI			-0.037** （0.016）

续表

	(1)	(2)	(3)
export			−0. 116*** (0. 002)
是否控制生产率	否	是	是
企业与年份固定效应	是	是	是
观测值	1098527	1090469	119750
R-squared	0. 052	0. 291	0. 351

从控制变量的实证结果看：生产率更高的企业会设定更高的加成率，该结果与以 Melitz & Ottaviano(2008)为代表的理论预测结果相同，也与 Fan et al. (2015b)与 Liu and Ma(2015)的相关实证结论基本一致；最终品关税 outputtariff 的估计系数显著为负，表示降低最终品关税水平可增加企业加成率，与 Tybout(2003)和钱学锋，等(2016)的进口竞争加剧将导致加成率降低的结论相悖，但降低最终品关税可提升企业生产率(Pavcnik，2002)，促使企业生产更高质量的产品(Hummels & Skiba，2004)，而且对于集中度低且竞争程度较强的产业，企业迫于进口竞争压力也会不断进行技术创新以提高生产率、扩大市场份额(钱学锋，等，2016)，从而使得降低最终品关税水平可导致企业加成率提高。企业规模和资本劳动比的估计系数均在 1%置信水平上显著，表明规模更小的企业和资本密度更高的企业会设定更高的加成率；我国港澳台企业和外商投资企业的加成率高于内资企业，而且外商投资企业的加成率更高于我国港澳台投资企业，与现实中的常识相符；赫芬达尔指数的估计系数显著为负，表明行业竞争加剧将导致企业加成率下降；企业出口变量的估计系数显著为负值，表明中国制造业出口企业的加成率低于非出口企业的加成率，与盛丹和王永进(2012)、刘啟仁和黄建忠(2015)的结论相符，验证了"中国出口企业低加成率之谜"的存在性；企业年限的估计系数不显著，说明加成率与企业的年限没有什么关系。

第六节　机制分析

本章尝试从中间品贸易自由化的成本效应与竞争效应进行机理分析。中间品贸易自由化的成本效应会增加企业加成率，而竞争效应在一定阶段可能会迫使企业降低加成率，因此中间品贸易自由化对企业加成率的影响会产生两种情形：第一种情形，即当入世前中国某行业内的中间品关税足够高，中间品贸易自由化的竞争效应的“负”作用会大于成本效应的“正”作用，在此阶段中间品贸易自由化会降低这些企业的加成率。由于中间品关税削减引致的竞争效应随着中间品关税水平的降低而边际递减，当中间品贸易自由化的竞争效应的“负”作用低于成本效应的“正”作用时，中间品贸易自由化对企业加成率的总体作用方向反转。随着中间品关税继续降低，竞争效应的总体作用将从负向抑制作用转为正向促进作用，此阶段中间品贸易自由化对企业加成率的影响为正向促进作用。第二种情形，当入世前中国某行业内的企业中间品关税已较低，该行业的竞争程度已较高，削减中间品关税带来的“竞争效应”的负向抑制作用小于“成本效应”的正向促进作用，中间品关税与企业加成率呈现出线性关系。已有研究文献的基本结论为中间品贸易自由化始终促进企业设定更高的加成率（Fan et al.，2015b；Liu & Ma，2015），尚未有非线性关系的研究文献，本节从中间品贸易自由化的“成本效应”和“竞争效应”两个渠道解释该非线性关系。

一、成本渠道验证

理论模型预测进口中间品关税降低将会降低企业的边际生产成本，进而提升企业加成率。与非出口企业相比，进口中间品企业的成本渠道作用更为强烈，因此进口中间品企业的加成率受中间品贸易自由化影响更强烈。为了验证成本渠道是否存在，本节构建如下实证模型：

$$\text{Markup}_{it} = \alpha_0 + \alpha_1 \text{inputtariff}_{it} + \alpha_2 \text{import}_{it} + \alpha_3 \text{inputtariff}_{it} \times \text{import}_{it} + X_{it} + \sigma_i + \sigma_t + \varepsilon_{it} \tag{5.27}$$

其中，$import_{it}$ 为企业 i 在 t 年是否进口中间品的虚拟变量，即如果企业 i 在 t 年进口中间品，$import_{it}$ 的值为 1，反之 $import_{it}$ 的值为 0。根据理论模型的预测，当进口中间品的企业的成本渠道作用更强烈时，估计系数 α_3 应显著为负值。

表 5.3 的第(1)列~第(3)列汇报了实证结果。第(1)列没有添加控制变量，也未控制企业和年份固定效应，在 1%的置信水平下，中间品关税的估计的系数 α_1 显著为负值，估计系数 α_3 应显著为负值，实证结果与预期完全相符，初步表明中间品贸易化影响企业加成率的成本渠道存在。第(2)列又控制企业生产率，第(3)列进一步添加了其他控制变量，估计系数 α_1 和 α_3 依旧显著为负值，验证了中间品贸易自由化影响企业加成率的成本渠道。

中间品贸易自由化对进口中间品企业的成本渠道作用更大，那么，成本渠道是否对进口中间品更多的企业的作用更强呢？本章将公式(5.27)中的企业是否进口中间品虚拟变量 $import_{it}$ 替换为进口中间品占企业中间品投入的份额 $share_{it}$，实证结果见表 5.3 的第(4)列至第(6)列。

如表 5.3 的第(4)列至第(6)列所示，无论是否控制企业、年份固定效应与是否添加控制变量，估计系数 α_1 和 α_3 在 1%的置信水平下均显著，且符号与理论预期完全相符，进一步验证中间品贸易自由化影响企业加成率的成本渠道。此外估计系数 α_1 远大于交互项的估计系数 α_3，表明进口中间品份额对企业加成率的作用始终为正向促进作用，该结果与理论模型预测相符。

无论是否控制企业、年份固定效应，是否添加控制变量，估计系数 α_1 和 α_3 在 1%的置信水平下均显著，且符号与理论预期完全相符，进一步验证中间品贸易自由化影响企业加成率的成本渠道。此外，估计系数 α_1 远大于交互项的估计系数 α_3，表明进口中间品份额对企业加成率的作用始终为正向促进作用，该结果与理论模型预测相符。

表 5.3 成本渠道验证

	(1)	(2)	(3)	(4)	(5)	(6)
inputtariff	-0.016***	-0.012***	-0.008***	-0.016***	-0.008***	-0.006***
	(0.000)	(0.000)	(0.000)	(0.000)	(0.000)	(0.001)
import	0.025***	0.009**	0.009**			
	(0.005)	(0.004)	(0.004)			
inputtariff×import firm	-0.002***	-0.001*	-0.001*			
	(0.000)	(0.000)	(0.000)			
share				0.053***	0.025***	0.023***
				(0.008)	(0.006)	(0.006)
inputtariff×share				-0.003***	-0.001**	-0.001***
				(0.001)	(0.001)	(0.001)
是否控制生产率	否	是	是	否	是	是
其他控制变量	否	否	是	否	否	是
企业与年份固定效应	是	是	是	是	是	是
观测值	176820	170909	119750	121551	120106	120016
R-squared	0.049	0.187	0.437	0.052	0.355	0.387

二、竞争渠道验证

理论模型预测竞争渠道的作用方向与其所属产业的竞争程度有关。产业的竞争程度较低时，竞争渠道对企业加成率的作用为负向，且抑制作用随产业竞争程度的提升而减小。这里在既有理论模型与实证研究文献的基础上构建如下实证模型：

$$\text{Markup}_{it} = \alpha_0 + \alpha_1 \text{inputtariff}_{it} + \alpha_2 \text{competion}_{jt} + \alpha_3 \text{inputtariff}_{it} \times \text{competition}_{jt} + X_{it} + \sigma_i + \sigma_t + \varepsilon_{it} \tag{5.28}$$

其中，下标 j 代表 t 年企业 i 在所属的中国国民经济产业四位码行业。

$competition_{jt}$ 为 t 年行业 j 的产业竞争状况，具体使用赫芬达尔指数HHI与行业内工业销售额前 20 名的企业的工业销售份额 CR20 来衡量。当中间品贸易自由化影响企业加成率的竞争渠道存在时，估计系数 α_1 应显著为负，估计系数 α_3 应显著为正。此外因本章重点关注竞争渠道作用方向反转问题，还需重点分析上式中估计系数的关系。公式(5.28) 对中间品关税求导，可得：

$$\frac{\partial Markup_{it}}{\partial inputtariff_{jt}} = \alpha_1 + \alpha_3 competition_{jt} \tag{5.29}$$

本章使用该式可验证和分析中间品贸易自由化影响企业加成率的竞争渠道的作用方向反转问题。中间品贸易自由化前某一行业 j 中间品关税足够高且行业的竞争程度较小，衡量市场竞争程度的逆向指标 $competition_{jt}$ 较高使得 $\alpha_1 + \alpha_3 competition_{jt} > 0$。此时企业加成率对中间品关税的一阶导数为正，此阶段表明削减中间品关税将降低企业的加成率，即中间品贸易自由化的竞争渠道会促使企业设定更低的加成率。随着中间品关税继续降低与行业市场竞争加剧，企业加成率对中间品关税的一阶导数 $\alpha_1 + \alpha_3 competition_{jt}$ 不断变小但依旧大于零，表明中间品贸易自由化对企业加成率的竞争渠道作用大小随着市场竞争加剧而边际递减。当中间品关税降低于某一临界值时，企业加成率对中间品关税的一阶导数为负($\alpha_1 + \alpha_3 competition_{jt} < 0$)，此阶段削减中间品关税将会增加企业的加成率，即中间品贸易自由化的竞争渠道对企业加成率的总体作用为正向促进作用。企业加成率对中间品关税的一阶导数的绝对值不断变小，表明中间品贸易自由化对中国制造业企业加成率的竞争渠道作用大小随着市场竞争增加而边际递减。

本章使用 2000—2006 年的中国制造业企业微观数据库对公式(5.28) 进行实证分析，实证结果在表5.4 中汇报。表4.4 的第(1) 列与第(2) 列汇报了使用赫芬达尔指数 HHI 衡量产业竞争程度的实证结果。第(1) 列模型中未添加控制变量，估计系数 α_1 显著为负，估计系数 α_3 显著为负。第(1) 列模型中添加控制变量后，估计系数 α_1 与估计系数 α_3 均显著且与预期的

符号相同，表明存在中间品自由化影响企业加成率的竞争渠道。此外，两系数之间关系 $|\alpha_1|<|\alpha_3|$，表明中间品贸易自由化影响企业加成率的竞争渠道作用方向有可能会发生反转，但考虑到中间品贸易自由化前中国制造业的 HHI 指数平均较低，可能导致中间品贸易自由化影响企业加成率的竞争渠道作用方向不会发生反转。为更加严格地验证该竞争渠道，参照 Liu & Ma(2015) 衡量行业竞争状况的指标，本章使用另一指标 CR20，即工业销售额前20名的企业的工业销售额占全行业的比重，观察估计系数 α_1 和 α_3 的显著性是否符合预期。使用2000—2006年的中国制造业企业微观数据对公式(5.28) 重新进行实证分析。表5.4第(3) 列与第(4) 列汇报了该实证结果，发现无论是否添加控制变量，估计系数 α_1 至 α_3 均在1%的置信水平上显著，$|\alpha_1|$ 均大于 $|\alpha_3|$ 表明中间品贸易自由化影响中国制造业企业加成率的竞争渠道作用方向不会发生反转，与前两列的实证结果类似，符合预期，更加稳健地支撑了中间品贸易自由化影响企业加成率的竞争渠道存在的结论。

表5.4 **竞争渠道验证**

	(1)	(2)	(3)	(4)
inputtariff	-0.018^{***} (0.000)	-0.008^{***} (0.000)	-0.021^{***} (0.000)	-0.009^{***} (0.000)
HHI	-0.917^{***} (0.034)	-0.349^{***} (0.038)		
inputtariff×HHI	0.058^{***} (0.003)	0.026^{***} (0.003)		
CR20			-0.310^{***} (0.006)	-0.098^{***} (0.007)
inputtariff×CR20			0.015^{***} (0.000)	0.009^{***} (0.001)
控制变量	否	是	否	是

续表

	(1)	(2)	(3)	(4)
企业与年份固定效应	是	是	是	是
观测值	1098527	633221	1098527	633221
R-squared	0.040	0.348	0.043	0.348

三、成本渠道与竞争渠道的共同作用

上文已单独验证存在中间品贸易自由化影响企业加成率的成本渠道和竞争渠道，但并未将两个渠道放在同一框架下进行分析。该部分将成本渠道和竞争渠道同时纳入统一分析框架，通过实证分析验证两个渠道的存在性。通过比较不同阶段中间品贸易自由化成本渠道和竞争渠道作用的大小，尝试解释企业中间品关税与企业加成率之间存在非线性U形关系的原因。在既有理论模型与实证研究文献的基础上，综合上两节的模型设定，设定如下实证模型：

$$\begin{aligned}\text{Markup}_{it} = {} & \alpha_0 + \alpha_1 \text{inputtariff}_{it} + \alpha_2 \text{importshare}_{it} + \alpha_3 \text{competition}_{jt} + \\ & \alpha_4 \text{inputtariff}_{it} \times \text{importshare}_{it} + \alpha_5 \text{inputtariff}_{it} \times \text{competition}_{jt} \\ & + X_{it} + \sigma_i + \sigma_t + \varepsilon_{it} \end{aligned} \tag{5.30}$$

其中，下标 i 、j 和 t 涵义与上文相同，importshare_{it} 为企业 i 在 t 年进口中间品额占其所属行业中间品进口总额的份额。这里通过交互项 $\text{inputtariff}_{it} \times \text{importshare}_{it}$ 的估计系数来验证中间品贸易自由化影响企业加成率的成本渠道，通过交互项 $\text{inputtariff}_{it} \times \text{competition}_{it}$ 的估计系数来验证中间品贸易自由化影响企业加成率的竞争渠道。符合预期时，估计系数 α_4 应显著为负，估计系数 α_5 应显著为正。本章使用2000—2006年的中国制造业企业微观数据对公式(5.30)进行实证回归，根据不同的产业竞争的指标分别汇报实证如表5.5所示的结果：

表 5.5　　同时验证成本渠道与竞争渠道

	(1)	(2)	(3)	(4)
competition 衡量指标	HHI	HHI	CR20	CR20
inputtariff	−0.018***	−0.008***	−0.021***	−0.012***
	(0.000)	(0.000)	(0.000)	(0.000)
importshare	0.034	−0.056**	0.061***	0.005
	(0.023)	(0.022)	(0.023)	(0.020)
inputtariff×importshare	−0.002	−0.006***	−0.310***	−0.137***
	(0.002)	(0.002)	(0.006)	(0.005)
competition	−0.942***	−0.364***	−0.004**	0.001
	(0.036)	(0.040)	(0.002)	(0.002)
inputtariff×competition	0.058***	0.027***	0.015***	0.008***
	(0.003)	(0.003)	(0.001)	(0.000)
控制变量	否	是	否	是
企业与年份固定效应	是	是	是	是
观测值	1091166	629278	1091166	629278
R-squared	0.040	0.348	0.043	0.348

表 5.5 的第(1)列和第(2)列汇报了使用赫芬达尔指数 HHI 衡量行业竞争程度的实证结果。如第(1)列所示，未添加控制变量时，所有估计系数均显著，估计系数 α_4不显著，α_5显著且符号与预期相符。第(2)列在添加控制变量后，估计系数 α_4和估计系数 α_5符号均与预期相符。表 5.5 的第(3)列和第(4)列汇报了使用 CR20 衡量行业竞争程度的实证结果。在未添加控制变量时，第(3)列的实证结果已与理论预期结果一致。在添加控制变量后，估计系数 α_4和估计系数 α_5的符号符合预期。以上实证结果较好地验证了中间品贸易自由化影响企业加成率的两个渠道同时存在，且完美验证两个渠道的作用方向变动情况。

当中间品贸易自由化影响企业加成率的成本渠道与竞争渠道同时存在

时，两者的交互共同作用可使中间品关税与中国制造业企业加成率呈现 U 形关系。当入世前中国某行业内的中间品关税足够高，中间品贸易自由化的竞争效应的"负"作用会大于成本效应的"正"作用，在此阶段中间品贸易自由化会降低这些企业的加成率。由于中间品关税削减引致的竞争效应随着中间品关税水平的降低而边际递减，当中间品贸易自由化的竞争效应的"负"作用低于成本效应的"正"作用时，中间品贸易自由化对企业加成率的总体作用方向反转，即中间品贸易自由化总体促使企业设定更高的加成率。入世后中国实施的中间品贸易自由化政策对企业加成率的总体作用从负向转向正向的中间品关税临界点约为 11.5%(0.023/0.002)。因此，从成本渠道与竞争渠道两视角进行分析可解释入世后中间品关税与中国制造业企业加成率关系为"非线性 U 形关系"的原因。

第七节　稳健性分析

一、基准回归的稳健性分析

为检验上文基准实证结果的可信性，本节将使用多种方式进行稳健性分析，验证中间品贸易自由化与企业加成率确实存在 U 形关系。

(一)关税滞后一期

上文已讨论中间品关税的内生性问题，但为稳妥起见，这里将企业中间品关税滞后一期，再使用 2000—2006 年中国企业微观数据对公式(5.26)重新进行估计，实证结果如表 5.6 所示。如表 5.6 的第(1)列所示，本节所关注的企业中间品关税 inputtariff 的估计系数 α_1 与二次项企业中间品关税平方 $inputtariff^2$ 的估计系数 α_2 大小发生变化，但两者分别依旧显著为负值与正值，与基准结果相同。随着估计系数 α_1 与估计系数 α_2 系数大小发生变化，但由两者决定的转折点 13.5(0.027/(2 * 0.001))与基准结果的转折点 11.5 相差较小。该实证结果稳健支撑了中间品贸易自由化与企业加成率的 U 形关系的结论。此外，企业全要素生产率的估计系数依然显著为正值，稳健地支撑了生产率更高的企业将会设定更高的加成率的理论预期。

(二)不同的关税

为避免中间品关税指标的测量误差引起的内生性问题，本节采用不同的中间品关税，使用 2000—2006 年的详细企业微观数据对公式(5.26)重新进行估计，实证结果在表 5.6 中第(2)列与第(3)列展示。表 5.6 的第(2)列汇报了使用通过 HS 六位码计算的中间品关税的实证结果，本节所关注的企业中间品关税 inputtariff 的估计系数 α_1 与二次项企业中间品关税平方项 inputtariff^2 的估计系数 α_2 大小未发生变化，企业全要素生产率的估计系数发生微小变化，与基准回归结果高度一致。表 5.6 的第(3)列汇报了第三章介绍的企业非加权中间品关税实证回归，企业中间品关税 inputtariff 估计系数 α_1 与二次项企业中间品关税平方 inputtariff^2 的估计系数 α_2 显著性和符号与基准回归结果一致，且计算出的临界中间品关税转折点也与基准回归结果接近。通过上述分析，使用以上两种不同中间品关税指标的稳健性回归分析进一步支撑了中间品贸易自由化与企业加成率呈现 U 形关系的结论。

表 5.6　　**基准结果的稳健性分析**

模型	(1)	(2)	(3)	(4)
	滞后一期关税	HS 六位码关税	企业层面关税	不同的生产率
inputtariff	-0.027***	-0.023***	-0.002***	-0.035***
	(0.000)	(0.000)	(0.000)	(0.000)
inputtariff^2	0.001***	0.001***	0.000***	0.001***
	(0.000)	(0.000)	(0.000)	(0.000)
tfp	0.636***	0.646***	0.710***	0.124***
	(0.002)	(0.002)	(0.006)	(0.001)

续表

模型	(1)	(2)	(3)	(4)
	滞后一期关税	HS 六位码关税	企业层面关税	不同的生产率
其他控制变量	是	是	是	是
企业与年份固定效应	是	是	是	是
观测值	565766	633221	49388	622840
R-squared	0.372	0.351	0.446	0.189

(三)不同的企业全要素生产率指标

为避免企业全要素生产率测算误差对基准实证结果的影响，稳健性验证生产率更高的企业将会设定更高的加成率的结论，本章采用以 LP 方法测算的全要素生产率(Levinsohn & Petrin，2003)，使用 2000—2006 年的详细企业微观数据对公式(5.26)重新进行估计，实证结果在表 5.6 中展示。如表 5.6 的第(4)列所示，企业全要素生产率的估计系数显著性和符号与基准结果相同，企业中间品关税 inputtariff 的估计系数 α_1 与二次项企业中间品关税平方 $inputtariff^2$ 的估计系数 α_2 显著性和符号也与基准结果相同，稳健地支撑了生产率更高的企业将会设定更高的加成率的实证结论。

二、作用机制的稳健性分析

由于上文中已充分分析了中间品贸易自由化影响企业加成率的成本渠道，下面将使用多种方式对竞争渠道以及两渠道的混合作用进行稳健性分析，增强本章机制分析部分实证结果的可信性。

(一)竞争效应的稳健性分析

1. 不同的产业竞争指标

上文分析中间品贸易自由化影响企业加成率的竞争渠道时，使用了赫芬达尔指数 HHI 与工业销售额排名前 20 的企业的工业销售份额 CR20 衡量产业竞争程度。为验证市场竞争程度指标衡量误差是否会对中间品贸易自由化竞争渠道的实证结果造成较大影响，本部分将继续使用三个不同的产业竞争指标进行稳健性分析，该三个指标具体为工业生产总值排名前20的企业占行业的工业生产总值份额CR20_value、工业销售额排名前20%的企业的工业销售份额pencent20与工业生产总值排名前20%的企业占行业的工业生产总值份额pencent20_value。实证结果如表5.7所示。

表5.7 验证中间品关税的竞争渠道的稳健性分析

模型	(1)	(2)	(3)
competition 衡量指标	CR20_value	pencent20	pencent20_value
inputtariff	-0.009***	-0.013***	-0.013***
	(0.000)	(0.000)	(0.000)
competition	-0.096***	-0.001	-0.011
	(0.007)	(0.010)	(0.010)
inputtariff×competition	0.006***	0.005***	0.006***
	(0.001)	(0.001)	(0.001)
控制变量	是	是	是
企业与年份固定效应	是	是	是
观测值	633221	633221	633221
R-squared	0.348	0.348	0.348

表5.7展示使用不同产业竞争指标的实证估计结果，中间品关税inputtariff的估计系数α_1均显著为负，中间品关税inputtariff与产业竞争程度指标交互项的估计系数α_3显著为正，与表5.4验证中间品贸易自由化的竞争效应的估计结果一致。以上实证结果，与上文验证竞争效应的实证结果基本一致，稳健地支撑了上文中实证分析得出的存在中间品贸易自由化影响企业加成率的竞争渠道的结论，也支撑了本章理论模型的推论。

2. 不同的关税指标

上文验证中间品贸易自由化影响企业加成率的竞争渠道时，使用了八位 HS 码计算的中间品关税，为避免关税测量指标是否对检验竞争效应的实证结果的干扰，本部分使用六位 HS 码计算的中间品关税进行稳健性检验，验证检验竞争效应实证结果是否稳定可靠。实证结果如表 5.8 所示。

表 5.8 **验证中间品关税的竞争渠道的稳健性分析**

模型	(1)	(2)	(3)	(4)	(5)
competition 衡量指标	HHI	CR20	CR20_value	pencent20	pencent20_value
inputtariff	-0.008***	-0.009***	-0.009***	-0.013***	-0.013***
	(0.000)	(0.000)	(0.000)	(0.000)	(0.000)
competition	-0.337***	-0.095***	-0.093***	-0.000	-0.010
	(0.038)	(0.007)	(0.007)	(0.010)	(0.010)
inputtariff×competition	0.025***	0.005***	0.005***	0.005***	0.006***
	(0.003)	(0.001)	(0.001)	(0.001)	(0.001)
控制变量	是	是	是	是	是
企业与年份固定效应	是	是	是	是	是
观测值	633211	633211	633211	633211	633211
R-squared	0.348	0.348	0.348	0.348	0.348

如表 5.8 所示，使用不同中间品关税的实证估计结果里中间品关税 inputtariff 的估计系数 α_1 均为负值。使用 pencent20_value 与 pencent20_value 衡量产业竞争程度的估计系数 α_2 不显著，原因可能与两指标衡量产业竞争存在偏误有关。另外，中间品关税 inputtariff 与产业竞争程度指标交互项的估计系数 α_3 显著为正，与表 5.4 的估计结果基本一致。此外，表 5.8 第（1）列使用赫芬达尔指数 HHI 衡量产业竞争程度的实证结果的估计系数 α_1 与交互项的估计系数 α_3 的关系也与表 5.4 的估计结果基本一致，稳健地支撑了上文关于中间品贸易自由化影响企业加成率的竞争渠道相关实证结论。

(二)成本渠道与竞争渠道共同作用的稳健性分析

上文验证中间品贸易自由化影响企业加成率的两种影响渠道混合作用时，使用了八位 HS 码计算的中间品关税，为避免关税测量指标是否对检验竞争效应实证结果的干扰，本部分使用六位 HS 码计算的中间品关税进行稳健性检验，验证两渠道混合作用实证结果是否稳定可靠。实证结果在表 5.9 中展示。如表 5.9 所示，使用不同中间品关税的实证结果，与上文表 5.5 的结果基本相符，进一步验证了中间品贸易自由化影响企业加成率的成本渠道竞争渠道同时存在的结论，同时也支撑两渠道共同作用使得中间品贸易自由化与企业加成率呈现 U 形关系的理论解释。

表 5.9 成本渠道与竞争渠道共同作用的稳健性分析

	(1)	(2)	(3)	(4)
inputtariff 衡量指标	滞后一期关税	滞后一期关税	不同的关税指标	不同的关税指标
competition 衡量指标	HHI	CR20	HHI	CR20
inputtariff	−0.011***	−0.011***	−0.008***	−0.009***
	(0.000)	(0.000)	(0.000)	(0.000)
importshare	−0.063***	−0.061**	−0.059***	−0.051**
	(0.024)	(0.024)	(0.022)	(0.022)
inputtariff×importshare	−0.007***	−0.007***	−0.006***	−0.006***
	(0.002)	(0.002)	(0.002)	(0.002)
competition	−0.265***	−0.059***	−0.350***	−0.094***
	(0.043)	(0.007)	(0.041)	(0.007)
inputtariff×competition	0.020***	0.004***	0.747***	0.005***
	(0.004)	(0.001)	(0.113)	(0.001)
控制变量	是	是	是	是

续表

	(1)	(2)	(3)	(4)
企业与年份固定效应	是	是	是	是
观测值	562769	562769	6292278	946211
R-squared	0.367	0.367	0.348	0.468

第八节　本章小结

本章在 Melitz & Ottaviano(2008)的基本理论模型框架下，构建中间品贸易自由化影响企业加成率的理论模型。在其他相关假设与设定的基础上，理论模型可推出以下研究结论：(1)中间品关税与企业加成率之间不一定为简单线性关系，也可为非线性的U形关系。(2)中间品贸易自由化能降低企业进口成本，进而使企业获得更高的加成率。此为中间品贸易自由化影响企业加成率的成本渠道。(3)中间品贸易自由化会引致产业竞争加剧，进而影响企业加成率。此为中间品贸易自由化影响企业加成率的竞争渠道。(4)中间品贸易自由化影响企业加成率的微观机制为以上两渠道的共同作用结果。(5)通过比较以上两渠道的作用方向和作用力大小，可解释中间品关税与企业加成率呈现非线性的U形关系的原因。(6)企业生产率对加成率具有重要影响，高生产率的企业会获得更高的加成率。

本章利用2000—2006年中国制造业企业数据考察入世后中间品贸易自由化对企业加成率的影响以及微观作用机制。通过包含中间品关税二次项的实证模型，本章发现入世后中间品关税与中国制造业企业加成率表现为非线性的U形关系，与理论模型预期相符。接下来，本章进行模型实证分析验证中间品贸易自由化影响企业加成率的微观作用机制，发现存在成本渠道和竞争渠道。除此之外，实证结果还发现两渠道的作用方向有所不同：成本渠道的作用方式始终为正向促进作用，竞争渠道的作用方向取决于中间品关税和市场竞争程度。通过分析比较以上两渠道，可解释入世后中国实施的中间品贸易自由化与企业加成率呈现U形关系的原因。以上实证结果在考虑了中间品关税的测量误差和内生性问题后结论仍然稳健。

第六章 结论与政策建议

自2001年末正式加入世界贸易组织后，中国经历了提升自身贸易自由化水平的过程。中国积极履行承诺逐步降低关税水平和减少非关税措施，在2002—2005年大幅调整关税科目与降低关税水平，2005年之后小幅度调整，入世后中国贸易自由化表现为渐进式的贸易自由化进程。此外中国并非根据当时外贸实际情况调整关税，而是有计划按照入世承诺有计划地实施，这一外生的渐进式的贸易自由化进程为考察贸易自由化影响中国企业生产技术选择、产品质量和加成率的动态变化提供了良好的研究基础。由于最终品与中间品在使用用途等方面存在显著性差别，贸易自由化可分为最终品贸易自由化和中间品贸易自由化，因而最终品贸易自由化和中间品贸易自由化对企业行为与绩效的影响也大不相同。目前关于中国贸易自由化的研究多为最终品贸易自由化，在异质性框架下研究中间品贸易自由化对企业行为与绩效影响的文献相对较少。本书在异质性框架下重点研究中间品贸易自由化对中国企业生产技术选择、产品质量和加成率的动态影响，并着重分析影响机制，以理论模型与实证分析相结合的方式得出了一些比较新颖的研究结论。本章对前几章的研究内容和研究结论进行总结和归纳，并在研究基础上提出对应的政策建议，希望能为我国贸易改革与制定贸易政策提供政策参考和依据。

第一节 研究结论

一、关于中间品贸易自由化与企业生产技术选择

本书在 Melitz(2003)理论模型框架下，通过将进口中间品和企业高低生产技术参数纳入企业的生产函数，进而将中间品关税与生产技术引入理论模型，并根据企业的出口状态明确区分出口企业和非出口企业的收益函数和利润函数，从而构建出中间品贸易自由化影响异质性企业生产技术选择的理论模型。理论模型推出以下研究结论：(1)使用高生产技术的企业的边际成本低于使用低生产技术的企业的边际成本；(2)中间品贸易自由化将会提高企业的利润；(3)生产率更高的企业在中间品贸易自由化过程中能获得更多的利润；(4)因出口企业生产率高非出口企业，中间品贸易自由化将会促进出口企业技术升级；(5)中间品贸易自由化并非促进全部出口企业技术升级，而是仅仅促进中等生产率的出口企业由低生产技术转向高生产技术。

本书使用 2000—2006 年的中国制造业企业微观数据对上述结论进行总体实证分析，并未找到中间品贸易自由化促进中国制造业非出口企业生产技术升级的证据，而是找到了中间品贸易自由化促进中国制造业出口企业由低生产技术转向高生产技术的证据，此实证结果与本书相关理论模型的相关结论完全一致。接下来，本书仅对中国制造业出口企业样本进行实证分析，发现入世后的中间品贸易自由化政策并未促进生产率位于行业两端位置企业生产技术升级，而是显著促进了部分中等生产率的企业由低生产技术转向高生产技术。该实证结果验证了中间品贸易自由化仅促进中等生产率的出口企业生产技术的理论推断。考虑企业资源禀赋差异，本书将企业分类并进行分样本回归，发现入世后中国实施的中间品贸易自由化政策对企业资源禀赋不同的企业生产技术作用强度不同，具体为对技术密集型企业的生产技术升级的推动作用最强，对劳动密集型企业的技术影响最

低，此实证结果符合现实情况。

二、关于中间品贸易自由化与企业出口产品质量

本书在 Melitz & Ottaviano(2008) 基本理论模型框架下，通过将产品质量引入代表性消费者的间接效用函数的方式，构建中间品贸易自由化影响企业出口产品质量的理论模型。在其他相关假设与设定的基础上，理论模型可推出以下研究结论：(1) 中间品关税与企业出口产品质量之间不一定为简单线性关系，也可为非线性的 U 形关系。(2) 中间品贸易自由化能降低企业进口成本，进而促使企业生产更高质量的产品，此为中间品贸易自由化影响企业出口产品质量的"成本渠道"。(3) 中间品贸易自由化会引致产业竞争加剧，进而影响企业的出口产品质量，此为中间品贸易自由化影响企业出口产品质量的"竞争渠道"。(4) 中间品贸易自由化影响企业出口产品质量的微观机制为以上两渠道的共同作用结果。(5) 通过比较以上两渠道的作用方向和作用力大小，可解释中间品关税与中国制造业企业出口产品质量呈现非线性的 U 形关系的原因。(6) 企业生产率对企业出口产品质量具有重要影响，高生产率的企业会出口更高质量的产品。

本书利用 2000—2006 年中国制造业企业数据考察入世后中间品贸易自由化对企业出口产品质量的影响以及微观作用机制。通过包含中间品关税二次项的实证模型，本书发现入世后中间品关税与中国制造业企业出口产品质量表现为非线性的 U 形关系，与理论模型预期相符。接下来，本书设定模型实证分析验证中间品贸易自由化影响企业出口产品质量的微观作用机制，发现存在成本渠道和竞争渠道。除此之外，实证结果还发现两渠道的作用方向有所不同：成本渠道的作用方式始终为正向促进作用，竞争渠道的作用方向取决于中间品关税和市场竞争程度。通过分析比较以上两渠道，可解释入世后中国实施的中间品贸易自由化与企业出口产品质量呈现 U 形关系的原因。以上实证结果在考虑了中间品关税的测量误差和内生性问题后结论仍然稳健。

三、关于中间品贸易自由化与企业加成率

本书在 Melitz & Ottaviano(2008)基本理论模型框架下，构建中间品贸易自由化影响企业加成率的理论模型。在其他相关假设与设定的基础上，理论模型可推出以下研究结论：(1)中间品关税与企业加成率之间不一定为简单线性关系，也可为非线性的 U 形关系。(2)中间品贸易自由化能降低企业进口成本，进而使企业获得更高的加成率。此为中间品贸易自由化影响企业加成率的“成本渠道”。(3)中间品贸易自由化会引致产业竞争加剧，进而影响企业加成率。此为中间品贸易自由化影响企业加成率的“竞争渠道”。(4)中间品自由化影响企业加成率的微观机制为以上两渠道的共同作用结果。(5)通过比较以上两渠道的作用方向和作用力大小，可解释中间品关税与企业加成率呈现非线性的 U 形关系的原因。(6)企业生产率对加成率具有重要影响，高生产率的企业会获得更高的加成率。

本书利用 2000—2006 年中国制造业企业数据考察入世后中间品贸易自由化对企业加成率的影响以及微观作用机制。通过包含中间品关税二次项的实证模型，本书发现入世后中间品关税与中国制造业企业加成率表现为非线性的 U 形关系，与理论模型预期相符。接下来，本书设定模型实证分析模型验证中间品贸易自由化影响企业加成率的微观作用机制，发现存在成本渠道和竞争渠道。除此之外，实证结果还发现两渠道的作用方向有所不同：成本渠道的作用方式始终为正向促进作用，竞争渠道的作用方向取决于中间品关税和市场竞争程度。通过分析比较以上两渠道，可解释入世后中国实施的中间品贸易自由化与企业加成率呈现 U 形关系的原因。以上实证结果在考虑了中间品关税的测量误差和内生性问题后结论仍然稳健。

第二节 政策建议

基于以上的理论模型与实证分析，本书提出以下政策建议：

第一，中国要继续对外改革开放和提升自身贸易自由化程度。中国在

2001年末加入WTO后经济快速发展，充分说明了对外贸易对中国总体经济发展的强大推动作用。本书发现中间品贸易自由化有利于中国制造业出口企业生产技术升级、出口产品质量和企业加成率提升，这些作用有助于提升中国企业的竞争优势。除本书研究的生产技术、产品质量和加成率之外，中间品贸易自由化通过影响其他企业行为提升中国整体外贸优势，助力中国向全球价值链高端跃进。为了继续提升中国工业企业的竞争力，中国必须深化对外改革开放和加快贸易自由化进程。虽然在加入WTO后中国已大幅度削减了关税水平，与发达国家相比，中国的关税水平较高，中国还可以继续实施和改善贸易自由化政策。

第二，中国要改革和完善进口政策。长期以来中国一直实施出口补贴、出口退税等出口导向型战略，对进口政策重视不足。虽然近几年国家开始重视进口政策，但中国进口管理体制还存在诸多不合理的规定和要求(陈勇兵，等，2014)。与出口相比，进口对中国制造企业起到更为重要的作用，因此中国应进一步完善进口政策，着力优化中间品进口结构，把进口贸易作为供给管理的重要手段(裴长洪，2013)。此外，中国还应该制定鼓励国内企业进口重要的中间品和先进的技术设备的政策，提升重点企业在产品质量、加成率等方面的优势。

第三，中国要鼓励和引导企业进行自主创新。本书使用进口资本品行为来衡量企业的生产技术水平，主要是因为先进技术设备被少数发达国家垄断。长期以来，发达国家限制将高技术产品出口到中国(钱学锋，等，2011)，以及发达国家对专利技术的垄断和掌控阻碍中国利用进口资本品来提高技术水平(张翊，等，2015)。为克服这些阻碍，中国应出台相应政策提升企业自主研发能力，提升自身创新能力。此外，创新还能提升企业的生产率，进而促进中国企业产品质量升级和获得更高的加成率。

第四，中国要出台促进公平市场竞争的秩序的政策与具体措施。本书研究发现中间品贸易自由化可通过市场竞争促进企业出口产品质量升级和获得更高加成率。在公平的市场竞争中理应是生产率更高或者更有竞争优势的企业获得银行信贷支持、市场订单等，因此公平的市场竞争更有利于有效率的企业在产品质量、加成率和研发等方面获得快速发展。然而，目前中国在某些行业的存在较为严重的资源错配问题，例如某些低效率的国有企业获得更多的信贷支持和政策倾斜。因此，中国必须要创建一个公平的市场竞争环境，使得所有企业在同一平台上进行公平竞争。

参 考 文 献

[1] 陈晓华，刘慧. 外需疲软生产技术革新与制造业劳动力价格扭曲. 统计研究，2015，32(10).

[2] 陈勇兵，赵羊，李梦珊. 纳入产品质量的中国进口贸易利得估算. 数量经济技术经济研究，2014(12)：101-115.

[3] 刘啟仁，黄建忠. 异质出口倾向、学习效应与“低加成率陷阱”. 经济研究，2015(12)：143-157.

[4] 刘晴，郑基超. 贸易成本、技术选择和外资出口企业转型——基于异质性企业贸易理论的视角. 财贸经济，2013(7)：79-86.

[5] 鲁晓东，连玉君. 中国工业企业全要素生产率估计：1999—2007. 经济学(季刊)，2012，11(2)：541-558.

[6] 刘晓宁，刘磊. 贸易自由化对出口产品质量的影响效应——基于中国微观制造业企业的实证研究. 国际贸易问题，2015(8)：14-23.

[7] 刘杨. 贸易自由化、商技术升级与技能型劳动力需求——关于中国制造业厂商层面数据的实证检验. 经济评论，2009(6)：5-15.

[8] 毛其淋. 贸易自由化、异质性与企业动态：对中国制造业企业的经验研究[D]. 南开大学，2013.

[9] 毛其淋，盛斌. 中国制造业企业的进入退出与生产率动态演化. 经济研究，2013(4)：16-29.

[10] 裴长洪. 进口贸易结构与经济增长：规律与启示. 经济研究，2013(7)：4-19.

[11] 钱学锋，范冬梅. 国际贸易与企业成本加成：一个文献综述. 经济研

究，2015(2)：172-185.

[12] 钱学锋，范冬梅，黄汉民. 进口竞争与中国制造业企业的成本加成. 世界经济，2016，39(3)：71-94.

[13] 钱学锋，王胜，黄云湖，等. 进口种类与中国制造业全要素生产率. 世界经济，2011(5)：3-25.

[14] 任曙明，张静. 补贴、寻租成本与加成率——基于中国装备制造企业的实证研究. 管理世界，2013(10)：118-129.

[15] 盛丹. 国有企业改制、竞争程度与社会福利——基于企业成本加成率的考察. 经济学(季刊)，2013，12(4)：1465-1490.

[16] 盛丹，刘竹青. 汇率变动、加工贸易与中国企业的成本加成率. 世界经济，2017(1)：3-24.

[17] 施炳展，张雅睿. 贸易自由化与中国企业进口中间品质量升级. 数量经济技术经济研究，2016(9)：3-21.

[18] 覃成林，李超. 要素禀赋结构、技术选择与中国城市现代产业发展. 产业经济研究，2012(3)：18-25.

[19] 田巍，余淼杰. 企业出口强度与进口中间品贸易自由化：来自中国企业的实证研究. 管理世界，2013(1)：28-44.

[20] 田巍，余淼杰. 中间品贸易自由化和企业研发：基于中国数据的经验分析. 世界经济，2014(6)：90-112.

[21] 许和连，王海成. 最低工资标准对企业出口产品质量的影响研究. 世界经济，2016(7)：73-96.

[22] 谢千里，罗斯基，张轶凡. 中国工业生产率的增长与收敛. 经济学(季刊)，2008，7(3)：40-57.

[23] 王永进，施炳展. 上游垄断与中国企业产品质量升级. 经济研究，2014(4)：116-129.

[24] 许家云，毛其淋. 人民币汇率水平与出口企业加成率——以中国制造业企业为例. 财经研究，2016，42(1)：103-112.

[25] 殷德生. 中国入世以来出口产品质量升级的决定因素与变动趋势. 财

贸经济，2011(11)：31-38.
[26] 殷德生，唐海燕，黄腾飞. 国际贸易、企业异质性与产品质量升级. 经济研究，2011(11)：136-146.
[27] 余淼杰. 中国的贸易自由化与制造业企业生产率. 经济研究，2010(12)：97-110.
[28] 余淼杰. 加工贸易、企业生产率和关税减免——来自中国产品面的证据. 经济学，2011(4)：1251-1280.
[29] 余淼杰，李乐融. 贸易自由化与进口中间品质量升级——来自中国海关产品层面的证据. 经济学(季刊)，2016(2)：1011-1028.
[30] 余淼杰，张睿. 中国制造业出口质量的准确衡量：挑战与解决方法. 经济学(季刊)，2017，02：463-484.
[31] 袁其刚，刘斌，朱学昌. 经济功能区的"生产率效应"研究. 世界经济，2015(5)：81-104.
[32] 张成，陆旸，郭路，等. 环境规制强度和生产技术进步. 经济研究，2011(2)：113-124.
[33] 张杰. 金融抑制、融资约束与出口产品质量. 金融研究，2015(6)：64-79.
[34] 张杰，李克，刘志彪. 市场化转型与企业生产效率——中国的经验研究. 经济学(季刊)，2011，10(2)：571-602.
[35] 张杰，郑文平，翟福昕. 中国出口产品质量得到提升了么?. 经济研究，2014(10)：46-59.
[36] 张杰，翟福昕，周晓艳. 政府补贴、市场竞争与出口产品质量. 数量经济技术经济研究，2015(4)：71-87.
[37] 张翊，陈雯，骆时雨. 中间品进口对中国制造业全要素生产率的影响. 世界经济，2015(9)：107-129.
[38] Acemoglu D. Patterns of Skill Premia. The Review of Economic Studies，2003，70(2)：199-230.
[39] Ackerberg D，Caves A K，andFrazer G. Identification Properties of Recent

Production Function Estimators. Econometrica, 2015, 83 (6): 2411-2451.

[40] Ahn J, Khandelwal A K, and Wei S J. The role of intermediaries in facilitating trade. Journal of International Economics, 2011, 84 (1): 73-85.

[41] Amiti M, Davis D R. Trade, Firms, and Wages: Theory and Evidence. The Review of Economic Studies, 2011, 79(1): 1-36.

[42] Amiti M, Khandelwal A K. Import Competition and Quality Upgrading. Review of Economics and Statistics, 2013, 95(2): 476-490.

[43] Amiti M, Konings J. Trade liberalization, intermediate inputs, and productivity: Evidence from Indonesia. American Economic Review, 2007, 97(5): 1611-1638.

[44] Antoniades A. Heterogeneous Firms, Quality, and Trade. Journal of International Economics, 2015, 95(2): 263-273.

[45] Arkolakis C. Market Penetration Costs and the New Consumers Margin in International Trade. Journal of Political Economy, 2010, 118 (6): 1151-1199.

[46] Arkolakis C, Costinot A, Donaldson D, and Rodríguez-Clare A. The Elusive Pro-Competitive Effects of Trade. National Bureau of Economic Research Working Paper Series, 2015, No. 21370.

[47] Atkeson A, Burstein A. Pricing-to-Market, Trade Costs, and International Relative Prices. American Economic Review, 2008, 98(5): 1998-2031.

[48] Aw BY, Hwang A R. Productivity and the export market: A firm-level analysis. Journal of Development Economics, 1995, 47(2): 313-332.

[49] Baggs J. Firm survival and exit in response to trade liberalization. Canadian Journal of Economics/Revue canadienne d'économique, 2005, 38(4): 1364-1383.

[50] Baldwin J, Yan B. The death of Canadian manufacturing plants:

heterogeneous responses to changes in tariffs and real exchange rates. Review of World Economics, 2011, 147(1): 131-167.

[51] Baldwin R, Harrigan J. Zeros, Quality, and Space: Trade Theory and Trade Evidence. American Economic Journal: Microeconomics, 2011, 3 (2): 60-88.

[52] Bas M, Berthou A. Does Input-Trade Liberalization Affect Firms' Foreign Technology Choice? CEPII research center, Working Papers, 2013.

[53] Bas M, Strauss-Kahn V. Input-trade liberalization, export prices and quality upgrading. Journal of International Economics, 2015, 95 (2): 250-262.

[54] Bastos P, Silva J. The quality of a firm's exports: Where you export to matters. Journal of International Economics, 2010, 82(2): 99-111.

[55] Behrens K, Kichko S, and Ushchev P. Intersectoral markup divergence and welfare. Working paper, 2015.

[56] Bellone F, Musso P, Nesta L, and Warzynski F. Endogenous Markups, Firm Productivity and International Trade. Working paper, 2008.

[57] Bernard A B, Eaton J, Jensen J B, and Kortum S. Plants and Productivity in International Trade. American Economic Review, 2003, 93 (4): 1268-1290.

[58] Bernard A B, Jensen J B. Exceptional exporter performance: cause, effect, or both? Journal of International Economics, 1999, 47(1): 1-25.

[59] Bernard A. B, Jensen J B, and Lawrence R Z. Exporters, Jobs, and Wages in U. S. Manufacturing: 1976-1987. Brookings Papers on Economic Activity. Microeconomics, 1995: 67-119.

[60] Bernard A B, Jensen J B, Redding S J, and Schott P K. The Empirics of Firm Heterogeneity and International Trade. National Bureau of Economic Research Working Paper Series, 2011, No. 17627.

[61] Bernard A B, Redding S J, and Schott P K. Comparative advantage and

heterogeneous firms. Review of Economic Studies, 2007, 74(1): 31-66.

[62] Bernard A B, Redding S J, and Schott P K. Multiple-Product Firms and Product Switching. American Economic Review, 2010, 100(1): 70-97.

[63] Bernard A B, Wagner J. Export entry and exit by German firms. Weltwirtschaftliches Archiv, 2001, 137(1): 105-123.

[64] Blonigen B A, Liebman B H, and Wilson W W. Trade Policy and Market Power: The Case of the US Steel Industry. National Bureau of Economic Research Working Paper Series, 2007, No. 13671.

[65] Brandt L, Van Biesebroeck J, and Zhang Y. Creative accounting or creative destruction? Firm-level productivity growth in Chinese manufacturing. Journal of Development Economics, 2012, 97 (2): 339-351.

[66] Bresnahan T F. Chapter 17 Empirical studies of industries with market power. Handbook of Industrial Organization: Elsevier , 1989, 1011-1057.

[67] Bustos P. Trade Liberalization, Exports, and Technology Upgrading: Evidence on the Impact of MERCOSUR on Argentinian Firms. American Economic Review, 2011, 101(1): 304-340.

[68] Cai H, Liu Q. Competition and corporate tax avoidance evidence from chinese industrial firms. Economic Journal, 2009, 119(537): 764-795.

[69] Chaney T. Productivity overshooting: The dynamic impact of trade opening with heterogeneous firms. University of Chicago, 2005.

[70] Chaney T. Distorted Gravity: The Intensive and Extensive Margins of International Trade. American Economic Review, 2008, 98 (4): 1707-1721.

[71] Chen B, Yu M, and Yu Z. Wage Inequality and Input Trade Liberalization: Firm-Level Evidence from China. Available at SSRN 2329292, 2013.

[72] Chen N, Imbs J, and Scott A. The dynamics of trade and competition.

Journal of International Economics, 2009, 77(1): 50-62.

[73] Chen N, JuvenalL. Quality, trade, and exchange rate pass-through. Journal of International Economics, 2016, 100: 61-80.

[74] Clerides S K, Lach S, and Tybout J R. Is Learning by Exporting Important? Micro-Dynamic Evidence from Colombia, Mexico, and Morocco*. The Quarterly Journal of Economics, 1998, 113 (3): 903-947.

[75] Costantini J, M. Melitz. The dynamics of firm-level adjustment to trade liberalization. The organization of firms in a global economy, 2008, 4: 107-141.

[76] Crozet M, Head K, and Mayer T. Quality Sorting and Trade: Firm-level Evidence for French Wine. The Review of Economic Studies, 2011, 79 (2): 609-644.

[77] De Blas B, Russ K N. Understanding Markups in the Open Economy. American Economic Journal: Macroeconomics, 2015, 7(2): 157-180.

[78] De Loecker J. Product Differentiation, Multiproduct Firms, and Estimating the Impact of Trade Liberalization on Productivity. Econometrica, 2011, 79(5): 1407-1451.

[79] De Loecker J, Goldberg P K, Khandelwal A K, and PavcnikN. Prices, Markups, and Trade Reform. Econometrica, 2016, 84(2): 445-510.

[80] De Loecker J, Warzynski F. Markups and Firm-Level Export Status. American Economic Review, 2012, 102(6): 2437-2471.

[81] Dinopoulos E, Unel B. A simple model of quality heterogeneity and international trade. Journal of Economic Dynamics and Control, 2013, 37 (1): 68-83.

[82] Dixit A K, Stiglitz J E. Monopolistic competition and optimum product diversity. The American Economic Review, 1977, 67(3): 297-308.

[83] Dos Santos B L, PeffersK. Rewards to Investors in Innovative Information

Technology Applications: First Movers and Early Followers in ATMs. Organization Science, 1995, 6(3): 241-259.

[84] Dunne T. Plant Age and Technology use in U. S. Manufacturing Industries. The RAND Journal of Economics, 1994, 25(3): 488-499.

[85] Eaton J, Kortum S. Technology, geography, and trade. Econometrica, 2002, 70(5): 1741-1779.

[86] Ederington J, Mccalman P. Technology adoption, government policy and tariffication. Journal of International Economics, 2013, 90(2): 337-347.

[87] Edmond C, Midrigan V, and Xu D Y. Competition, Markups, and the Gains from International Trade. American Economic Review, 2015, 105 (10): 3183-3221.

[88] Ekholm K, MidelfartK H. Relative wages and trade-induced changes in technology. European Economic Review, 2005, 49(6): 1637-1663.

[89] Fajgelbaum P, Grossman G M, and HelpmanE. Income Distribution, Product Quality, and International Trade. Journal of Political Economy, 2011, 119(4): 721-765.

[90] Falvey R, Reed G. Trade Liberalization and Technology Choice. Review of International Economics, 2000, 8(3): 409-419.

[91] Fan H, Lai E L C , and Li Y A. Credit constraints, quality, and export prices: Theory and evidence from China. Journal of Comparative Economics, 2015, 43(2): 390-416.

[92] Fan H, Li Y A, and Luong T A. Input-Trade Liberalization and Markups. Available at SSRN 2585543, 2015.

[93] Fan H, LiY A, and Yeaple S R. Trade Liberalization, Quality, and Export Prices. Review of Economics and Statistics, 2015, 97 (5): 1033-1051.

[94] Feenstra R C, RomalisJ. International Prices and Endogenous Quality. Quarterly Journal of Economics, 2014, 129(2): 477-527.

[95] Feenstra R C, Weinstein D E. Globalization, Markups and U. S. Welfare. National Bureau of Economic Research Working Paper Series, 2010, No. 15749.

[96] Gomez J, Vargas P. Intangible resources and technology adoption in manufacturing firms. Research Policy, 2012, 41(9): 1607-1619.

[97] Gervais A. Product quality and firm heterogeneity in international trade. Canadian Joural of Economics-Revue Canadienne D Economique, 2015, 48(3): 1152-1174.

[98] Gervais A. Product quality, firm heterogeneity and trade liberalization. Journal of International Trade and Economic Development, 2015, 24(4): 523-541.

[99] Goldberg P K, Pavcnik N. Distributional Effects of Globalization in Developing Countries. Journal of Economic Literature, 2007, 45(1): 39-82.

[100] Goldberg P K, Verboven F. The Evolution of Price Dispersion in the European Car Market. The Review of economic studies, 2001, 68(4): 811-848.

[101] Gomez J, Vargas P. The effect of financial constraints, absorptive capacity and complementarities on the adoption of multiple process technologies. Research Policy, 2009, 38(1): 106-119.

[102] Griliches Z. Hybrid Corn: An Exploration in the Economics of Technological Change. Econometrica, 1957, 25(4): 501-522.

[103] Grossman G M, Helpman E. Innovation and growth in the global economy. MIT press, 1993.

[104] Gu W, Sawchuk G, and Rennison L W. The effect of tariff reductions on firm size and firm turnover in canadian manufacturing. Review of World Economics, 2003, 139(3): 440-459.

[105] Hallak J C, Schott P K. Estimating Cross-Country Differences in Product

Quality*. The Quarterly Journal of Economics, 2011, 126(1): 417-474.

[106] Hallak J C, Sivadasan J. Firms' Exporting Behavior under Quality Constraints. National Bureau of Economic Research Working Paper Series, 2009, No. 14928.

[107] Hallak J C, Sivadasan J. Product and process productivity: Implications for quality choice and conditional exporter premia. Journal of International Economics, 2013, 91(1): 53-67.

[108] Han J, Liu R, and Zhang J. Globalization and wage inequality: Evidence from urban China. Journal of International Economics, 2012, 87(2): 288-297.

[109] Helpman E. International Trade in the Presence of Product Differentiation, Economies of Scale and Monopolistic Competition: A Chamberlin-Heckscher-Ohlin Approach. Journal of International Economics, 1981, 11(3): 305-340.

[110] Hsieh C T, Klenow P J. Misallocation and Manufacturing Tfp in China and India. Quarterly Journal of Economics, 2009, 124(4): 1403-1448.

[111] Huggett M, Ospina S. Does productivity growth fall after the adoption of new technology?. Journal of Monetary Economics, 2001, 48(1): 173-195.

[112] Hummels D, Klenow P J. The Variety and Quality of a Nation's Exports. American Economic Review, 2005, 95(3): 704-723.

[113] Hummels D, Skiba A. Shipping the Good Apples Out? An Empirical Confirmation of the Alchian-Allen Conjecture. Journal of Political Economy, 2004, 112(6): 1384-1402.

[114] Johnson R C. Trade and prices with heterogeneous firms. Journal of International Economics, 2012, 86(1): 43-56.

[115] Karshenas M, Stoneman P L. Rank, Stock, Order, and Epidemic Effects

in the Diffusion of New Process Technologies: An Empirical Model. The RAND Journal of Economics, 1993, 24(4): 503-528.

[116] Khandelwal A. The Long and Short (of) Quality Ladders. The Review of economic studies, 2010, 77(4): 1450-1476.

[117] Khandelwal A K, Schott P K, and Wei S J. Trade Liberalization and Embedded Institutional Reform: Evidence from Chinese Exporters. American Economic Review, 2013, 103(6): 2169-2195.

[118] Konings J, Cayseele P V, and Warzynski F. The Effects of Privatization and Competitive Pressure on Firms' Price-Cost Margins: Micro Evidence from Emerging Economies. Review of Economics and Statistics, 2005, 87 (1): 124-134.

[119] Konings J, Vandenbussche H. Antidumping protection and markups of domestic firms. Journal of International Economics, 2005, 65 (1), 151-165.

[120] Krishna P, Mitra D. Trade liberalization, market discipline and productivity growth: new evidence from India. Journal of Development Economics, 1998, 56(2): 447-462.

[121] Krugman P. Scale Economies, Product Differentiation, and the Pattern of Trade. American Economic Review, 1980, 70(5): 950-959.

[122] Krugman P R. Increasing Returns, Monopolistic Competition, and International Trade. Journal of International Economics, 1979, 9(4): 469-479.

[123] Krugman P R. Intraindustry Specialization and the Gains from Trade. Journal of Political Economy, 1981, 89(5): 959-973.

[124] Kugler M, Verhoogen E. Prices, Plant Size, and Product Quality. The Review of Economic Studies, 2011, 79(1): 307-339.

[125] Kugler M, Verhoogen E. Prices, Plant Size, and Product Quality. The Review of Economic Studies, 2012, 79(1): 307-339.

[126] Lancaster K. Intra-industry trade under perfect monopolistic competition. Journal of International Economics, 1980, 10(2): 151-175.

[127] Lee J. Does Size Matter in Firm Performance? Evidence from US Public Firms. International Journal of the Economics of Business, 2009, 16 (2): 189-203.

[128] Lerner A P. The Concept of Monopoly and the Measurement of Monopoly Power1. The Review of economic studies, 1934, 1(3): 157-175.

[129] Levinsohn J, Petrin A. Estimating production functions using inputs to control for unobservables. Review of Economic Studies, 2003, 70(2): 317-341.

[130] Linder S B. An essay on trade and transformation: Almqvist and Wiksell Stockholm, 1961.

[131] Liu Z, Ma H. Trade Liberalization, Market Structure, and Firm Markup. working paper, 2015.

[132] Lu Y, Tao Z, and Yu L. Agglomeration and markup. Available at SSRN: https://ssrn.com/abstract=2065303.

[133] Lu Y, Yu L. Trade liberalization and Markup Dispersion: Evidence from China's WTO Accession. American Economic Journal: Applied Economics, 2015, 7(4): 221-253.

[134] Ludema R D. Yu Z. Tariff pass-through, firm heterogeneity and product quality. Journal of International Economics, 2016, 10(3): 234-249.

[135] Luong T A. The Impact of Input and Output Tariffs on Firm's Productivity: Theory and Evidence. Review of International Economics, 2011, 19(5): 821-835.

[136] Manova K, Zhang Z. Export Prices Across Firms and Destinations. The Quarterly Journal of Economics, 2012, 127(1): 379-436.

[137] Martin J. Markups, quality, and transport costs. European Economics Review, 2012, 56(4): 777-791.

[138] Melitz M J. The impact of trade on intra-industry reallocations and aggregate industry productivity. Econometrica, 2003, 71 (6): 1695-1725.

[139] Melitz M J, Ottaviano G I P. Market Size, Trade, and Productivity. The Review of Economic Studies, 2008, 75(3): 985.

[140] Milliou C, Petrakis E. Timing of technology adoption and product market competition. International Journal of Industrial Organization, 2011, 29 (5): 513-523.

[141] Mutreja P. Equipment and Structures Capital: Accounting for Income Differences. Economic Inquiry, 2014, 52(2): 713-731.

[142] Noria G. The effect of trade liberalization on manufacturing price cost margins: The case of Mexico, 1994-2003. Working Papers, Banco de México, 2013.

[143] Olley G S, Pakes A. The dynamics of productivity in the telecommunications equipment industry. Econometrica, 1996, 64 (6): 1263-1297.

[144] Pavcnik N. Trade Liberalization, Exit, and Productivity Improvements: Evidence from Chilean Plants. The Review of Economic Studies, 2002, 69(1): 245-276.

[145] Piveteau P, Smagghue G. A new method for quality estimation using trade data: An application to French firms. Mimeo, Columbia University, 2013.

[146] Redding S J. Theories of Heterogeneous Firms and Trade. National Bureau of Economic Research Working Papers Series, 2010, No. 16562.

[147] Romer P M. Endogenous Technological Change. Journal of Political Economy, 1990, 98(5): S71-S102.

[148] Rose N L, Joskow P L. The diffusion of New Technologies: Evidence from the Electric Utility Industry. Rand Journal of Economics, 1990, 21(3): 354-373.

[149] Schank T, Schnabel C, and Wagner J. Do exporters really pay higher wages? First evidence from German linked employer - employee data. Journal of International Economics, 2007, 72(1): 52-74.

[150] Schott P K. Across-Product Versus Within-Product Specialization in International Trade *. The Quarterly Journal of Economics, 2004, 119(2): 647-678.

[151] Stanfield B, Haltiwanger J, and Syverson. Reallocation, Firm Turnover, and Efficiency: Selection on Productivity or Profitability? The American Economic Review, 2008, 98(1): 394-425.

[152] Stebro T. Noncapital Investment Costs and the Adoption of CAD and CNC in U. S. Metalworking Industries. The RAND Journal of Economics, 2002, 33(4): 672-688.

[153] Stoneman P, Kwon M J. Technology Adoption and Firm Profitability. The Economic Journal. 1996, 106(437): 952-962.

[154] Swamidass P M, Kotha S. Explaining manufacturing technology use, firm size and performance using a multidimensional view of technology. Journal of Operations Management, 1998, 17(1): 23-37.

[155] Topalova P, Khandelwal A. Trade Liberalization and Firm Productivity: The case of India. Review of Economics and Statistics, 2010, 93(3): 995-1009.

[156] Tsekouras K, Papathanassopoulos F, Kounetas K, and Pappous G. Does the adoption of nes technology boost productive efficiency in the public sector? The case of ICUs system. International Journal of Production Economics, 2010, 128(1): 427-433.

[157] Tuan Anh L. The Impact of Input and Output Tariffs on Firms' Productivity: Theory and Evidence. Review of International Economics, 2011, 19(5): 821-835.

[158] Tybout J R. Plant-and firm-level evidence on "new" trade theories.

Handbook of international trade, 2003, 1: 388-415.

[159] Tybout J R, Westbrook M D. Trade liberalization and the dimensions of efficiency change in Mexican manufacturing industries. Journal of International Economics, 1995, 39(1-2): 53-78.

[160] Verhoogen E A. Trade, Quality Upgrading, and Wage Inequality in the Mexican Manufacturing Sector. The Quarterly Journal of Economics, 2008, 123(2): 489-530.

[161] Xu B. The Impact of Trade and Foreign Direct Investment Policies on Technology Adoption and Sourcing of Chinese Firms. Contemporary Economics Policy, 2011, 29(2): 218-230.

[162] Xu B, Wang J M. Capital goods trade and Rand Spillovers in the OECD. Canadian Journal of Economics-Revue Canadienne D Economique, 1999, 32(5): 1258-1274.

[163] Yeaple S R. A simple model of firm heterogeneity, international trade, and wages. Journal of International Economics, 2005, 65(1): 1-20.